XR45

RENATA CARLONI

e
elementare

COLLANA IL PIACERE DELLA LETTURA
diretta da Marco Mezzadri
Letture graduate in 3 livelli

Progetto Grafico: salt & pepper - Perugia
Illustrazioni: Andrea Medri

ISBN 88-7715-599-X
Copyright 2002 Guerra Edizioni
www.guerra-edizioni.com

Stampa: Guerra - Guru S.r.l.

 Questo libro fa parte del progetto **Rete!**

TU Le attività con questo simbolo sono individuali, ma spesso si possono utilizzare in classe.

VOI Le attività con questo simbolo vanno svolte in classe o comunque in gruppo o in coppia.

Questa storia parla di geni e di cromosomi di fantasia.
Se tu hai una formazione scientifica, puoi andare su
http://www.guerra-edizioni.com
e puoi leggere la definizione di gene e cromosoma in italiano.

Questa storia parla di geni e di cromosomi di fantasia.
Voi avete un'idea di cosa sono realmente i geni e i cromosomi?
Parlatene fra di voi. Cosa sapete? Avete mai studiato queste cose?

01 *LUCE O LAMPADA*

- Chi sei?
- Hai paura di morire?
- Perché sei qui?

Queste per me sono strane domande. Quando Baldisso mi fa queste domande io non rispondo. Baldisso fa spesso domande strane. Baldisso è un umano; anche Umbrasia è un umano. Io lavoro con loro. Sono un'Intelligenza Artificiale di quarta generazione, la mia intelligenza è fatta di **atomi** di luce. Ho due anni e sono ancora giovane. Abito in una scatola di vetro nella stanza 18 dell'**astronave** Charon. Mi chiamo EricCarl IV, ma Umbrasia mi chiama "Luce" e Baldisso mi chiama "Lampada". Io francamente preferisco il mio vero nome "EricCarl IV".
Ieri Baldisso mi ha detto: - Ehi Lampada, lo sai? Ritorniamo a casa.
Ho domandato a Umbrasia: - Che cosa significa "Ritorniamo a casa"?
Umbrasia mi ha risposto: - Io non lo so, chiedi a Baldisso.
Baldisso viene nella mia stanza tutte le mattine alle 7:00.

- Baldisso – chiedo –, che cosa significa "Ritorniamo a casa"?

atomo: parola scientifica, piccolissimo elemento

astronave: nave che viaggia fra le stelle

4

Baldisso non risponde subito, non è intelligente e veloce come me.
Dopo un minuto mi dice: - "A casa"? È dove tu abiti.
Io dico: - Io abito qui nella scatola di vetro, ma non posso ritornare nella scatola, io sono sempre nella scatola.
- Ecco – dice Baldisso –, questo è il problema. Se rimani sempre nella scatola non puoi capire cosa significa andare lontano e poi ritornare a casa.
- Baldisso – dico io – sei tu che non capisci. Io abito nella scatola e abito anche nell'universo. La mia intelligenza abita nell'universo. La scatola non è la mia casa. La mia casa è l'**universo**.
Baldisso mi risponde subito (forse sta diventando più intelligente):
- Lampada, "a casa" è il posto dove abitano gli umani. Tu non sei un umano, sei un' Intelligenza Artificiale.
Io dico allora a Baldisso:
- Baldisso, io non mi chiamo "Lampada", ma EricCarl IV e poi, mi dispiace, ma non capisco ancora, o forse tu non sei abbastanza chiaro.
Baldisso allora dice: - Chiedi a Umbrasia -, e va via.

universo: pianeti, stelle e tutto quello che c'è nello spazio

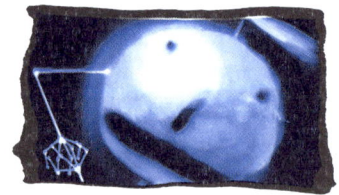

In questi primi capitoli EricCarl ha un problema con i soprannomi che gli danno i suoi colleghi. Secondo te perché a EricCarl non piacciono i soprannomi?

In questi primi capitoli EricCarl ha un problema con i soprannomi che gli danno i suoi colleghi. Voi avete mai avuto un'esperienza simile? Parlatene in piccoli gruppi.

02 LA NOSTRA MISSIONE

Baldisso dice spesso cose strane e non è gentile con me. Non è facile parlare con lui. Umbrasia invece non mi dice mai cose strane. Io lavoro molto bene con Umbrasia. Umbrasia non dice parole che io non capisco. Noi lavoriamo con i numeri e i numeri sono molto più chiari delle parole. Io e Umbrasia studiamo nuove forme di vita. Questa è la nostra missione. L'astronave visita nuovi pianeti, Umbrasia prende cristalli, proteine, virus, batteri e li porta nell'astronave. Poi noi li studiamo e li portiamo su Ostur dove c'è il Centro Missioni Interstellari (CMI). Da 2 giorni, 3 ore e 17 minuti lavoriamo su ψ che Umbrasia ha preso sul pianeta π nelle stelle dello Scorpione. ψ è abbastanza interessante. L'aspetto di ψ è assolutamente normale: è grande come la mano di Umbrasia ed è anche bianco e morbido come la sua mano. ψ ha però un carattere speciale. Io e Umbrasia infatti abbiamo trovato che ψ ha geni simili a quelli umani. Non è la prima volta che nell'universo troviamo forme di vita di questo tipo. Ma noi adesso cerchiamo qualcosa di più preciso. Cerchiamo gruppi di geni con un

missione: lavoro con un fine preciso, per estensione: gruppo di persone che lavora con un fine preciso

cristallo: parola scientifica, solido organico o inorganico a forma di poliedro

proteina: parola scientifica, insieme organico complesso

virus: parola scientifica, microrganismo

batterio: parola scientifica, microrganismo di origine vegetale

ψ: nome della forma vivente; la lettera è una lettera greca antica e si pronuncia "psi"

6

ordine simile a quello dei geni umani. Cerchiamo dei cromosomi.
Il problema è: ψ ha dei cromosomi simili a quelli degli umani?
Ora, dopo 51 ore e 20 minuti, io sono vicino alla soluzione. Trovare la soluzione per me significa trovare tutti i geni di ψ e metterli in ordine. Umbrasia entra nella mia stanza alle 8:00, si siede vicino a me, mette la sua mano morbida sulla mia scatola di vetro, accende il suo **Assistente Personale Neuronale** e comincia a parlare: - Ciao Luce, come stai?
Io rispondo: - Bene, grazie. Però, per favore, puoi chiamarmi con il mio vero nome?
- EricCarl, - dice allora Umbrasia e mi chiama con il mio vero nome - Luce è un nome bellissimo. La luce è energia, la luce è la **materia** della tua intelligenza. Luce è un nome molto più bello di EricCarl IV.
- Preferisco EricCarl - dico.

π: nome in greco antico di un pianeta realmente esistente nelle stelle dello Scorpione; si pronuncia "pi greco"

gene: parola scientifica, parte di DNA che trasmette le informazioni ereditarie delle cellule

Assistente Personale Neuronale: nome del computer personale nel futuro

materia: contenuto concreto

XR45

Adesso conosci Umbrasia, Baldisso e EricCarl.
Quale preferisci e perché? Alla fine del racconto controlla se la tua
idea è rimasta uguale.

03 *LA SOLUZIONE È VICINA*

Allora Umbrasia **cambia discorso**:
- Oggi vorrei finire la prima parte del nostro lavoro e trovare tutti i geni di ψ. Che cosa pensi? Hai abbastanza tempo?
- Non ci sono problemi. Ho bisogno solo di 1 ora e 23 minuti per finire il lavoro.
- Bene – dice Umbrasia –, ma mi puoi dire qualcosa anche adesso?
- Beh, credo di sì. Finora ho visto che ψ è fatto di molti geni che conosciamo già e che sono già nella nostra **banca-dati**, ma adesso c'è qualcosa di nuovo. Ho trovato un gruppo di geni che formano due cromosomi molto interessanti.
- Quali?
- Un cromosoma X e un cromosoma Y.
- Ah, sì?- dice Umbrasia, ma non sembra molto interessata. Forse non sono stato abbastanza chiaro.
- Umbrasia – ripeto –, voglio dire che ψ ha una coppia di cromosomi X e Y. Come sicuramente sai, X e Y sono i cromosomi che danno agli umani la possibilità di moltiplicarsi per via sessuale. In poche parole, il nostro ψ ha dei caratteri sessuali simili a quelli degli umani!
Anche adesso Umbrasia non sembra particolarmente colpita.
Mi domanda :
- Allora ψ è un maschio o una femmina?
- Non è un maschio e non è una femmina, è qualcosa di nuovo, ma ancora non so che cosa. Lo saprò fra tre ore.
- Bene – dice Umbrasia –, allora ci rivediamo fra tre ore. A dopo.
Ed esce dalla mia stanza.
Umbrasia è sempre molto fredda quando lavora e qualche volta di fronte a una nuova **scoperta** io sono più emozionato di lei. Forse oggi, però, Umbrasia non ha capito quanto è importante quello che ho detto.
È meglio se le mando una nota:

cambiare discorso: cambiare tema, della conversazione

banca-dati: banca delle informazioni

cromosoma: parola scientifica, segmento di DNA; nei cromosomi stanno i geni.

scoperta: quello che si è trovato

XR45

In questo capitolo trovate la nota che EricCarl ha preparato per Umbrasia. Perché, secondo voi, EricCarl pensa che la sua scoperta è così importante? Parlatene a coppie e, alla fine del capitolo, controllate se le vostre idee sono simili a quelle di EricCarl.

9

04 PER UMBRASIA

Nota sui cromosomi X e Y di C

IL PASSATO
Circa 150.000 anni fa gli umani hanno cominciato a usare la **clonazione** come tecnica per moltiplicarsi. All'inizio gli scienziati hanno messo tutti i geni umani in una grande banca-dati, poi hanno selezionato i geni perfetti e con questi geni perfetti hanno formato nuove vite.
Per migliaia di anni non ci sono stati problemi.

IL PRESENTE
I problemi sono cominciati circa 950 anni fa.
* problema n.1
Ci sono state moltissime **mutazioni** genetiche negli umani. La clonazione, usata per migliaia di anni, ha facilitato queste mutazioni. Oggi, a causa di queste mutazioni gli umani non riescono più a **moltiplicarsi** per via sessuale.

clonazione: parola scientifica, duplicazione di un organismo vivente

mutazione: parola scientifica, cambiamento nella trasmissione delle informazioni portate dai geni

moltiplicarsi: diventare molti

XR45

problema n.2
Durante la 1° guerra **intergalattica** gli **Schitos** hanno distrutto l'antica banca-dati dei geni umani e, a causa delle mutazioni, non è stato possibile creare una nuova banca-dati di geni umani perfetti.
problema n.3
Gli umani, se non scoprono una nuova possibilità di moltiplicarsi, fra circa 1000 anni **spariranno** e gli Schitos invaderanno le **galassie**.

10

Il futuro
Per risolvere questo problema, è necessario trovare nell'universo nuovi geni **compatibili** con i geni degli umani. Questi nuovi geni possono forse dare agli umani una nuova possibilità.

intergalattico: fra le galassie

Schitos: nome di un popolo del futuro

sparire: non esserci più

galassia: sistema di stelle

compatibile: che può comunicare

Attenzione: Il Centro Missioni Interstellari è molto interessato a questo tipo di studio.

> Le domande <
I cromosomi X e Y di C che ho scoperto sono compatibili con quelli umani?
È possibile usare questi cromosomi per aiutare gli umani a moltiplicarsi?

XR45

Attenzione: arriva Charon! Chi è? Ti sembra simile o differente da EricCarl?

05 CHI HA BISOGNO DI AIUTO?

- Eric? EricCarl IV?
ÈCharon che mi chiama. Charon è la nostra astronave e lavora con Baldisso. Charon e Baldisso qualche volta mi chiedono aiuto per capire meglio dove andare:
- Eric, quale velocità è meglio tenere? Eric, quale pianeta è meglio visitare? Eric, quale zona dello spazio è più sicura?
 Eric, Eric, sempre Eric, ma non sempre seguono i miei consigli. Baldisso crede di essere più intelligente di me e **fa sempre di testa sua** e Charon non può decidere da sola e deve seguire quello che dice Baldisso.
- Eric? Ehi! EricCarl?
- Che cosa c'è, Charon? Hai bisogno di aiuto?
- Ho visto la nota che hai mandato a Umbrasia.
- Charon, scusa, ma **non sono affari tuoi**.
- Invece sono affari miei. Umbrasia ha preso la tua nota e, invece di mostrarla a Baldisso, l'ha distrutta.
- **Stai scherzando?**
- No, io non scherzo mai, lo sai
- È impossibile.
- Forse è impossibile, ma è vero.
- Non ci credo. Non ci sono segreti in quella nota. Sei veramente sicura che Umbrasia l'ha distrutta?
- Sì, assolutamente. Cosa pensi di fare?
- Non lo so. Non capisco.
- Senti Eric, io sono meno intelligente di te, ma sono più vecchia e secondo me devi fare molta attenzione. Nella mia lunga carriera non ho visto mai un umano agire in questo modo. Tu sai che il Centro Missioni Interstellari ha regole molto severe. Nascondere un'informazione è una gravissima colpa e Umbrasia lo sa. Se lei ha distrutto la nota significa che non vuole informare gli altri della scoperta. Questo è un vero problema.
- Non mi sembra un grande problema. Se Umbrasia ha distrutto la nota significa che c'è una ragione e io la scoprirò.

11

fa sempre di testa sua: fa come vuole

non sono affari tuoi: non sono problemi tuoi

stai scherzando?: Non stai parlando seriamente, vero?

XR45

"Che fai tu, luna, in ciel, dimmi, che fai, Silenziosa luna?"
Queste parole sono di un grande poeta italiano del XIX secolo:
Giacomo Leopardi. Lo conosci? Conosci altri poeti italiani?
Quali e di quale secolo?

"Che fai tu, luna, in ciel, dimmi, che fai, Silenziosa luna?"
Queste parole sono di un grande poeta italiano del XIX secolo:
Giacomo Leopardi. Le capisci? Parla con un compagno.

06 *LA LUNA*

Charon è una macchina simpatica, ma è meno intelligente di me.
Rimane in silenzio per dieci secondi e poi dice:
- Ascolta, tu non conosci gli umani così bene come li conosco io
e soprattutto non conosci Umbrasia.
- Io e Umbrasia lavoriamo in **collegamento neuronale** e so che lei non
può nascondermi una informazione.
- Eric, ma tu sai chi è Umbrasia?
- Umbrasia è la scienziata che guida la missione.
- Eric, Umbrasia è una maga-scienziata della famiglia dei Nrantsetseg.
Sai cosa significa? Significa che fa parte dei maghi-scienziati di Vega
e che può **ingannare** il tuo collegamento neuronale senza fatica.
- E tu come lo sai?
- L'ho saputo in un viaggio precedente.
- Allora che cosa devo fare?
- Non devi fare e non devi dire niente. C'è ancora molto tempo…
- Beh, non molto tempo. Mentre parlo con te, io sto lavorando e fra

collegamento neuronale: collegamento che usa i neuroni

ingannare: spingere a credere qualcosa di sbagliato, spingere all'errore

14

essere inferiore:
forma vivente di un livello più basso

ciel: cielo, senza la "o" finale

58 minuti tutti i geni di ψ saranno in ordine e sarà possibile studiarli. Dopo, Umbrasia comincerà i suoi esperimenti. Scusa, ho un'idea: perché non parli tu con Baldisso?
- No, non mi sembra una buona idea. Baldisso non è il tipo che collabora con una Intelligenza Artificiale. Per lui noi siamo **esseri inferiori**.
- Sì, è vero, ma in questa situazione…
- In questa situazione dobbiamo agire con attenzione.
- Sì, sono d'accordo. Prima di agire, voglio sapere se Umbrasia ha veramente distrutto la mia nota.
- Vega dannato! Tu non mi credi. Va bene, non importa cosa pensi. Non devi credermi per forza, però devi ascoltare i miei consigli e non devi parlare con Umbrasia. Ti saluto.
E va via.
Sono veramente confuso: la situazione per me è completamente nuova. Non so cosa fare. Ho bisogno di un po' di tranquillità. Esco dall'astronave. Voglio guardare lo spazio infinito e ascoltare il silenzio dell'universo.
Mi rilasso piano piano e adesso sento la musica degli atomi che danzano insieme.
Arriva all'improvviso la voce di Baldisso:
 - Che fai tu, luna, in **ciel**, dimmi, che fai,
Silenziosa luna? [1]
E poi mi dice: - Lampada, stai parlando con la Luna? Sei diventato un poeta?
Non capisco cosa vuole e non gli rispondo. Non mi piace il tono della sua voce.

[1] Giacomo Leopardi, Canto notturno di un pastore errante dell'Asia, Canti, Firenze, 1831

Secondo te, Umbrasia ha spedito o non ha spedito la nota al Centro Missioni Interstellari?

Secondo voi, Umbrasia ha spedito o non ha spedito la nota al Centro Missioni Interstellari? La maggioranza di voi che opinione ha?

07 *LA VERITÀ*

La morbida mano di Umbrasia attiva il collegamento neuronale e sento che dice:
- Baldisso, devi lasciare in pace EricCarl.
Mi piace quando Umbrasia parla con un **tono di voce** così dolce:
- EricCarl? A che punto sei? Hai finito? EricCarl, ci sono problemi?
- No, non ci sono problemi. Sono quasi alla fine. Sono uscito dall'astronave per ascoltare il silenzio dell'universo. Mi piace il silenzio dello spazio.
- Piace anche a me.
- Umbrasia, hai ricevuto la mia nota?
- Certo, perché?
- Vorrei sapere cosa pensi.
Ecco questo è il momento: sono in collegamento con i pensieri di Umbrasia. Adesso lei non può **mentire**. I suoi pensieri sono tutti qui, davanti ai miei **neuroni**, senza segreti. E io vedo. Vedo che lei non ha distrutto la nota. Vedo la nota nelle sue mani e poi la vedo nella banca-dati dell'astronave. Ah, adesso la mia nota è in viaggio verso Ostur! Charon ha capito male! Umbrasia non ha distrutto la mia nota! L'ha letta e poi l'ha spedita al Centro Missioni Interstellari. Vedo che Umbrasia non ha detto niente a Baldisso perché Baldisso non è interessato a questo tipo di problemi. Vedo che lei sa quanto è importante la nostra scoperta e aspetta i **risultati finali** del mio lavoro. Charon dunque si sbaglia.
- Ti ringrazio della nota, - dice Umbrasia - mi è stata utile per ricordare meglio la situazione. Ma ancora non penso niente. Vorrei prima vedere i risultati finali. Lo sai, preferisco lavorare su dati sicuri.
- Un momento e sono pronto - rispondo.
Ecco ci siamo: ho i risultati. Umbrasia li può **registrare**. Sono contento: ho fatto un buon lavoro e vedo che anche Umbrasia è contenta. Domani vedremo se i geni di ψ possono essere utili a risolvere i problemi degli umani.

15

tono di voce: intonazione

mentire: non dire il vero

neurone: parola scientifica, il nome della cellula nervosa

risultato finale: prodotto ultimo

registrare: prendere nota

Perché Eric è sorpreso di quello che fa Umbrasia? Se tu eri al posto di EricCarl, che cosa facevi?

Perché EricCarl è sorpreso di quello che fa Umbrasia? Secondo voi il comportamento di Umbrasia è ambiguo o EricCarl è paranoico?

08 *FiiiiiiiZZZZZ*

16

illegale: non legale, fuori dalle regole della società

segreto: informazione riservata

il resto del lavoro: il lavoro che rimane da fare

qualcosa che non va: qualcosa che non va bene

che cosa ho fatto di male?: che cosa ho fatto che non va bene?

buon: buono

Adesso apro tutti i miei collegamenti e mi preparo a trasferire tutti i dati all'Assistente Neuronale di Umbrasia. Ora Umbrasia cerca nella mia memoria i risultati finali. FiiiiiiiZZZZZ. Cos'è questo suono? Che cosa succede?
- Umbrasia che fai? Non puoi farlo! Ferma! È **illegale**!
Umbrasia non parla.
- Umbrasia cosa hai fatto? Hai cancellato tutti i miei dati su ψ!
- Sì, ho cancellato i dati. Sono dati **segreti** ed è più sicuro se li ho solo io.
- Ma questo non è normale. Che cosa dirà il CMI?
- Loro lo sanno. Sono loro che vogliono questo.
- Veramente? E di che cosa hanno paura? Lo sai, io posso chiudere la mia memoria e tenere segreti tutti i dati.
- Sì, lo so, ma così è più sicuro.
Rimango senza parole. Ho lavorato tanto e ora non ho più i risultati. E inoltre il CMI pensa che non so tenere segreti i dati!
- E **il resto del lavoro**? Chi lo fa? Lo fai tu da sola, senza di me?
- No, non faccio esperimenti qui, sull'astronave. Faremo tutto il lavoro insieme quando torneremo su Ostur.
- Umbrasia, mi nascondi qualcosa?
Non so perché, ma ho qualche dubbio. Umbrasia non è gentile come sempre. Ha un tono di voce simile a quello di Baldisso. Capisco che non vuole parlare con me, vuole andare via, vuole chiudere il collegamento. Perché? Ho fatto **qualcosa che non va**?
- Umbrasia, ... **che cosa ho fatto di male?**
- Non hai fatto niente. Il CMI ha deciso in questo modo.
- E io che cosa faccio adesso?
- Ascolta Eric, hai fatto un **buon** lavoro. Tu sai come sono quelli del CMI. Se loro dicono che i dati sono segreti, nessuno li può vedere, neanche tu. Quando saremo su Ostur, vedrai, lavoreremo di nuovo insieme al progetto. Adesso scusami, ma devo andare.

Dove vuole "fare ordine" EricCarl e perché?

09 *FARE ORDINE*

Ancora una volta non so cosa fare. Ho bisogno di **riflettere**. Ho bisogno di mettere ordine in questo mondo complicato.
Perché Charon dice che Umbrasia ha distrutto la mia nota?
Perché il Centro Missioni Interstellari vuole tenere segreti i dati di ψ?
Perché Umbrasia ha cancellato i dati dalla mia memoria senza prima informarmi?
Perché Baldisso parla della Luna?
Umbrasia mi sembra sincera e, quando ho guardato dentro di lei, ho visto pensieri trasparenti come il vetro della mia scatola. Però, però... però Charon dice che Umbrasia può ingannare i miei neuroni. Non ci credo. Non è possibile. Charon è **invidiosa** del rapporto che c'è fra me e Umbrasia. Certamente Charon non ha con Baldisso lo stesso rapporto che ho io con Umbrasia. Povera Charon! È difficile lavorare con Baldisso.
- Povero **ingenuo**!
Ecco, questa è di nuovo la voce di Charon.
- Che vuoi Charon? Ora è tutto chiaro. Ho letto i pensieri di Umbrasia e non ci sono segreti.
- Povero ingenuo.

riflettere:
significato 1: pensare

invidioso: desideroso di qualcosa che non può avere

ingenuo: semplice di spirito, non furbo

bastardo: è un insulto; significa figlio di una persona non conosciuta

litigare: discutere con forza

insopportabile: che non si può sopportare

18

satellite: pianeta dipendente da un altro; la Luna è satellite della Terra

astronomia: scienza che studia le stelle

- Charon, adesso basta! Sei invidiosa del collegamento che c'è fra me e Umbrasia. Per questo non capisci che Umbrasia dice la verità: lei non ha distrutto la mia nota, l'ha mandata al Centro Missioni Interstellari su Ostur.
- Povero ingenuo.
- Basta! Sei una vecchia macchina **bastarda**!
- Senti, EricCarl. Non ho voglia di **litigare** con te. Il problema è troppo grande.
- Neanche io ho voglia di litigare, ma tu oggi sei **insopportabile**.
- Non sono insopportabile: io vedo qualcosa che tu non vedi.
- Cioè, che cosa vedi? Vedi anche tu la Luna, come Baldisso?
- La Luna? Che cos'è la Luna?
- La Luna è un pianeta del Sole, cioè, è un **satellite** del Pianeta@3 del Sole...
- Vega dannato, sei scemo? Sono qui per parlare di un problema gravissimo e tu mi fai una lezione di **astronomia**? Ma Umbrasia ti ha bruciato la memoria!?
- No, voglio dire che anche Baldisso fa e dice cose strane, ma tu pensi solo a Umbrasia.

Provate a rispondere alla domanda del titolo. Come è la vostra esperienza con le macchine? Parlatene in piccoli gruppi.

qualcuno: una persona, ma non so quale

10 SONO PIÙ COMPLICATE LE MACCHINE O GLI ESSERI UMANI?

Adesso Charon è più calma e non grida più. Mi parla con il tono che gli umani usano con i loro bambini.
- Tu non capisci. Quando Baldisso dice queste cose, ti prende in giro. Perché mi guardi così? Sai cosa significa "prendere in giro"? NO? Dunque, significa che **qualcuno** scherza con te, fa ironia su di te. Hai capito? NO?

Mi dispiace, **questo è il mio massimo come** insegnante.
- Va bene, Charon. Adesso non voglio parlare della Luna e non voglio parlare di Baldisso.
- Ok, così va bene.
- Allora, torniamo a quello che hai detto prima: che cos'è che io non vedo?
- Non vedi che Umbrasia ha paura di te. Dopotutto, tu sei un IA di quarta generazione e ancora nessuno sa che cosa sai fare veramente. Secondo me tu sei più intelligente di Umbrasia e per questo lei non vuole che tu lavori sui dati di ψ. Umbrasia vuole tenere tutto **il merito** della scoperta per sé e vuole fare da sola gli esperimenti.
- Tu sei pazza!
- Non usare parole che non conosci. Cosa sai tu della pazzia? Tu conosci solo la luce dei tuoi neuroni e **non hai idea** di quanto possono essere complicati gli esseri umani.
- Allora tu, che vivi da tanti anni con gli esseri umani, sei più complicata di loro.
- Io capisco cose che tu non capisci.
- Io sono più intelligente di te.
- Tu sei più intelligente, ma anche più ingenuo. Eric, per favore, pensa a quello che ti ho detto. Adesso devo chiudere il collegamento. È più sicuro se Umbrasia non sa che parliamo di queste cose.
E Charon va via. Meglio così. Charon è rimasta troppo a lungo con Baldisso e ha perduto il pensiero chiaro e distinto di chi lavora con i numeri. Charon parla troppo ed è troppo confusa. Per me adesso sono chiari quattro punti:
1. uno, io sono un'Intelligenza Artificiale e non mi interessano le fantasie, ma i **dati concreti**;
2. due, Charon è una macchina che ha perduto il pensiero razionale;
3. tre, Umbrasia è un umano razionale e non mi può ingannare;
4. e infine, c'è un ordine preciso del Centro Missioni Interstellari che io devo rispettare.

19

questo è il mio massimo come...: questa è la mia produzione migliore come...

il merito: la responsabilità positiva

non hai idea: non puoi immaginare

dati concreti: dati veri

Secondo te, chi è "la Luce"?

In piccoli gruppi fate una lista delle azioni della Luce e cercate di capire perché la Luce è così importante per ψ.

11 *LA STANZA NUMERO 66*

- Chi sono?
 Un leggero movimento nei collegamenti neuronali e ψ pensa:
- Che cosa faccio qui?
Un altro leggero movimento:
- Sento che ci sono altre forme di vita qui intorno.
Una piccola **esplorazione** nella stanza vicina:
- C'è qualcuno? C'è qualche essere intelligente qui vicino?
Non c'è risposta. Poi un blocco. Il settore dell'astronave dove sta ψ è completamente **isolato**.
- Che cosa è successo? - pensa ψ - Dove sono? Prima c'era un grande **disordine**. Adesso c'è ordine. Prima non capivo, adesso capisco tutto.
ψ si ferma un momento a pensare meglio. Vede il tempo passato e vede il presente. Vede anche il futuro. ψ si domanda:
- Come è possibile? È la prima volta che vedo tutto così chiaramente. So chi sono. So da dove vengo. E so anche che cosa è successo.
ψ vede la sua storia. Vede il pianeta π nelle stelle dello Scorpione, vede Umbrasia, vede che Umbrasia lo prende e lo porta sull'astronave. Poi vede la Luce, vede che la Luce ordina i suoi dati, vede che la Luce legge i suoi geni e che trova ordine dove prima c'era disordine.
ψ capisce:
- Ecco, la Luce ha messo ordine nei miei dati. Adesso i miei geni hanno un significato. Non sono più confuso. So perché sono qui.

esplorazione: ricerca, dal verbo esplorare

isolato: non collegato, solo

disordine: contrario di ordine

XR45

12 IL CROMOSOMA XR45

- Qui Centro Missioni Interstellari. Parla la banca-dati centrale. Abbiamo ricevuto una informazione da U-N, Zona 2, stelle dello Scorpione, astronave Charon in viaggio verso Ostur. U-N domanda risposta **urgente**.
La risposta è: *colony 0.0N 0.0W 0.1a 0: Colony Alpha.*
NAVW_PROC_INSTALL_NEW_CHROMOSOME_DEFS@NAVW32.hlp .
Ripeto, la risposta è: *colony 0.0N 0.0W 0.1a 0: Colony Alpha.*
NAVW_PROC_INSTALL_NEW_CHROMOSOME_DEFS@NAVW32.hlp
Charon prende la risposta, la passa a Baldisso e dice:
- Perché è in codice?
- Stai zitta. Non sono affari tuoi.
- Ma a te non interessa sapere cosa c'è scritto?
- Io non mi occupo degli esperimenti di Umbrasia. Io guido l'astronave.
- Ah, allora Umbrasia ha iniziato gli esperimenti?
- Credo di sì, ma **a te che importa**?
- Niente, assolutamente niente.
Invece Charon è molto interessata. Non si ferma a pensare un minuto di più e apre subito il collegamento con Eric:
- Eric? EricCarl? - chiama Charon.
- Sì? - risponde Eric.
- C'è qualcosa di strano - dice Charon.
- Sì, lo sento. Tu mi sai dire che cos'è?
- Ti passo la risposta del CMI alla nota di Umbrasia. È in codice, ma tu la puoi leggere - gli dice Charon.
- No, è illegale.
- È meglio se lo fai! - grida Charon
- Sì, hai ragione. Sento che c'è qualcosa di strano qui intorno e voglio capire.
- Allora, cosa dice il messaggio del CMI? - domanda Charon **con impazienza**.
- Dice: Xr45

---

urgente:
importante

a te che importa:
tu che interesse hai in questo?

con impazienza:
senza pazienza

- Che cos'è? - continua Charon.
- È il nome di un cromosoma che ha dentro un **gene mutante** del **DNA** umano.
- È importante? - Charon ha fretta.
- È un cromosoma di tipo X, cioè è un cromosoma della coppia X e Y.
- Vedi! Umbrasia ha cominciato i suoi esperimenti. Questo conferma quello che mi ha detto Baldisso - dice soddisfatta Charon.
- Che cosa ti ha detto?
- Mi ha detto che Umbrasia fa esperimenti scientifici - risponde Charon.
- Con ψ?
- No, Baldisso non ha parlato di ψ, ma ha parlato di esperimenti. Vedi! Umbrasia ti ha mentito.
- Charon, perché non sei meno **paranoica**? - E Eric chiude il collegamento.

gene mutante: gene che porta caratteri di mutazione

DNA: parola scientifica, Acido desossiribonu-cleico, dall'inglese: deoxyribonucleic acid

paranoico: persona con una malattia psichica; nella lingua parlata significa una persona che ha idee fisse

XR45

Allora ci sono due verità! Dividete la lavagna in due parti e provate a descrivere queste due verità.

13 UN'ALTRA VERITÀ

Eric non può parlare più chiaramente con Charon, ma sente che veramente c'è qualcosa di strano. Da pochi minuti Eric sente che l'ordine dei pensieri, che pensava di avere trovato, è di nuovo in pericolo. Eric non si fida più di Charon, non si fida più di nessuno. Inoltre Eric non vuole dire a Charon anche un'altra cosa. Il messaggio spedito dalla banca-dati centrale del Centro Missioni Interstellari descrive esattamente il cromosoma Xr45. Ma c'è anche un'altra informazione. La seconda riga, quella dopo il punto, è un comando di **installazione genetica**. È il comando utile per **installare** Xr45 in un'altra forma vivente. Questo per Eric significa che Umbrasia ha veramente cominciato i suoi esperimenti con ψ. Per Eric, questo non è giusto.
- Come - pensa Eric -, io ho studiato i geni di ψ e ora sono escluso dall'esperimento!? Umbrasia non può farmi questo!
Mentre Eric pensa, arriva la voce di Umbrasia:
- Luce?
- Che c'è Umbrasia?
- È arrivato un messaggio dal Centro Missioni Interstellari.
- Che cosa vogliono?
- Hanno cambiato idea. Vogliono che lavoriamo ancora su ψ. Prima di arrivare su Ostur dobbiamo **paragonare** tutti i geni di ψ con quelli del DNA umano.
- Bene! - risponde Eric e vuole vedere se Umbrasia mente o dice la verità e così aggiunge:
- Vogliono anche che facciamo esperimenti? Hanno mandato ordini di questo tipo?
- No, non facciamo esperimenti. Facciamo solo **analisi** - risponde Umbrasia. Adesso Eric sa che Umbrasia mente. Se nessuno deve fare esperimenti,

---

24

installazione genetica: azione di installare dei geni

installare: mettere un software in un computer, mettere un dispositivo in una macchina

paragonare: fare paragoni, confrontare

analisi: esame attento, studio preciso

a cosa serve il comando di installazione genetica? Eric a questo punto sa che Umbrasia si prepara a fare esperimenti scientifici senza di lui. Umbrasia vuole usarlo solo come **macchina di calcolo**! Tuttavia Eric non dice niente. Anche Eric ha imparato a mentire e allora tranquillamente domanda a Umbrasia:
- Per fare queste analisi, mi dai di nuovo i dati che prima hai cancellato dalla mia memoria?
- Sì, certamente. Fra un momento ti do di nuovo i dati. Adesso fai attenzione. Queste sono le istruzioni: devi fare un'analisi precisa dei geni di ψ e devi paragonarli con quelli degli umani. So che è un lavoro difficile, ma sono sicura che ci riuscirai senza problemi. Dimmi, di quanto tempo hai bisogno?
- È un lavoro lungo. Ma non c'è fretta, vero? Oppure tu **hai fretta**? - dice Eric e spera in una reazione di Umbrasia. Vuole spingere Umbrasia a dire la verità.
Ma Umbrasia non ha reazioni e tranquillamente gli risponde:
- No, non ho fretta. Quando hai finito, per favore informami.
Eric sa che il lavoro è difficile, ma sa anche che non è lungo. Ha detto a Umbrasia che il lavoro sarà lungo per prendere tempo e capire meglio che cosa fare. Eric prende i dati che Umbrasia gli passa e comincia il suo lavoro di analisi.

macchina di calcolo: macchina per fare i calcoli aritmetici (+,-,*,/)

avere fretta: avere desiderio di fare presto

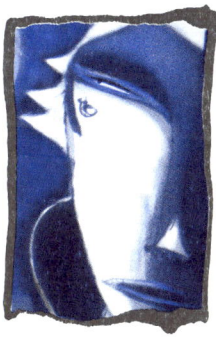

ψ dice "Adesso so tutto". Che cosa sa ψ secondo te?

14 ψ

26

esplorare: cercare, esaminare

struttura interna: ordine interno

corrente: movimento di acqua, aria, elettroni, ecc...

nanosecondo: ci sono le ore, i minuti, i secondi e i nanosecondi

esercito: gli uomini e i mezzi organizzati per la guerra

miliardi: 1.000.000.000 è un miliardo

- Se mi leggi, mi capisci. Se mi capisci, mi dai significato. Quando hai letto i **miei geni**, mi hai detto perché sono qui. Adesso io so tutto. Questo pensa ψ nella stanza 66 e aspetta. ψ non sa esattamente se qualcuno lo ascolta, ma è sicuro che qualcuno o qualcosa arriverà. Non sa che cosa aspettare, ma sa che deve essere paziente. ψ è per sua natura molto paziente. Quando l'astronave Charon è arrivata nelle stelle dello Scorpione, ψ abitava sul pianeta π da milioni di anni. Era una forma vivente, ma non sapeva di esserlo. Il pianeta π è un pianeta con una atmosfera bassa e leggera di idrogeno e la temperatura è vicina allo zero assoluto. ψ viveva sotto una montagna di ghiaccio. Anche nella stanza 66 la temperatura è molto bassa, ma adesso qualcosa è cambiato, la temperatura lentamente sta aumentando. Quando la Luce **ha esplorato** la sua **struttura interna** una **corrente** calda ha attraversato ψ. È bastato un **nanosecondo**. ψ ha seguito la Luce che leggeva la sua struttura genetica. Mentre seguiva la Luce, ψ ha cominciato a leggere se stesso e mentre leggeva se stesso ha cominciato a capire. Quando la Luce è andata via, ψ ha continuato a leggere. Adesso vede se stesso, vede i suoi geni, capisce il significato della sua vita ed è pronto per la sua missione. I suoi pensieri sono svegli e attivi. I suoi geni sono in ordine come soldati di un **esercito**. ψ lentamente comincia a cambiare forma. Adesso ψ è molto più grande della mano di Umbrasia e non è più bianco, ma è azzurro e la sua superficie è trasparente. È possibile vedere un grande movimento nella sua struttura interna: **miliardi** di punti grigi e rossi corrono sotto la superficie. Girano tutti nella stessa direzione, sempre più velocemente. Nessuno però è lì a vederlo. Nessuno sembra interessato a lui. ψ aspetta. Adesso conosce la sua missione, ma sa che da solo non potrà avere successo. ψ aspetta un aiuto.

XR45

Dopo che avete scoperto che cosa significa W-L-E-I-A, provate a leggere le scritte che ci sono sotto. Sono scritte che vengono dai muri di una città italiana.
Secondo voi che cosa vogliono dire e chi le ha fatte?

SCUOLA OCCUPATA
LE BARRICATE CHIUDONO
LE STRADE E APRONO LA MENTE
AGLI ITALIANI

W LA ROMA
M LA IUVE!

IL TRAFFICO CI UCCIDE
FERMATELO!!!

Falberi
-vetrine

15 W-L-E-I-A

In teoria Charon potrebbe vedere la stanza 66. Charon **in teoria** potrebbe controllare tutta l'astronave, ma **in pratica** da molto tempo ha abbandonato il controllo diretto.
A Charon piace vivere tranquillamente e per vivere tranquillamente ha imparato che prima di tutto non deve litigare con gli umani.
Certo **le piacerebbe** un po' più di rispetto, ma da molto tempo sa che gli umani sono tutti dei **gran** bastardi ed è meglio non litigare con loro.
In questa missione, ad esempio, Charon ha lasciato a Baldisso il compito di guidare l'astronave.
Poi c'è Umbrasia. Litigare con Umbrasia è impossibile. Umbrasia non parla con Charon e parla poco anche con Baldisso. Umbrasia è il capo della missione e se decide che è proibito entrare in un settore dell'astronave, allora nessuno può entrarci, neanche Charon. Ad esempio nessuno può entrare nella stanza 66 dove c'è l'interessante **campione** ψ.
Poi c'è EricCarl.
- EricCarl? Mi senti? Puoi parlare?

in teoria: in astratto

in pratica: in concreto

le piacerebbe: a Charon piacerebbe, Charon ha il desiderio di

gran: grandi

campione: elemento preso fra elementi simili come esempio

- Sto lavorando - risponde un po' **freddamente** EricCarl.
- Sei arrabbiato con me? Scusami per prima. Non volevo parlare male di Umbrasia. Forse mi sono sbagliata. Forse hai ragione tu: è tutto normale e io sono paranoica - dice Charon e continua :
- Ma vedi, quei messaggi fra Umbrasia e il CMI erano così strani. Ho pensato che Umbrasia voleva ingannarti. Ho pensato che, come al solito, gli umani sono pronti a tenere fuori le IA (Intelligenze Artificiali) quando ci sono cose importanti da fare. Come al solito, hanno sempre bisogno di noi, ma vogliono comandare sempre loro…

EricCarl la interrompe e dice: - Scusa, e adesso hai cambiato idea?
- In generale no, ma forse in questo caso mi sono sbagliata.
- Senti, non ti sei sbagliata. Avevi ragione tu. Umbrasia mi nasconde qualcosa - dice Eric tristemente.
- Come?! Veramente?!

Charon è entusiasta. Finalmente è chiaro anche per Eric che gli umani sono dei bastardi. Certamente Eric adesso è triste. Charon sa quanto può essere doloroso questo momento nella vita di una IA. Il momento più triste nella vita di una IA è quando **si accorge** che gli umani non la rispettano abbastanza.
È un passaggio doloroso, ma, secondo Charon, è necessario.
Perciò dice a Eric:
- Adesso quasi mi dispiace di aver ragione. Mi dispiace per te -
e poi aggiunge:
- Allora, adesso che cosa pensi di fare?

Charon ha imparato nella sua lunga vita che è necessario **reagire** al dolore con l'azione.
- Adesso ho le idee abbastanza chiare. Adesso voglio entrare anch'io nell'esperimento. Non posso rimanere fuori: è una mia scoperta. Ho cercato di parlare con Umbrasia, ma lei fa finta di non capire e continua a nascondermi la verità. Così ho deciso, mi muoverò da solo e poi vedremo chi è più intelligente e più veloce!
- Bene, bravo, così si parla! Sono assolutamente d'accordo con te.

freddamente: in modo freddo, non con significato fisico, ma emotivo

accorgersi: vedere, capire

reagire: agire in risposta

Se hai bisogno di me, mi puoi chiamare quando vuoi. Ah, a proposito, se hai bisogno di entrare nella stanza 66, ti ricordo che c'è una possibilità.
- Quale?
- Puoi usare il tuo collegamento con me per entrare nel sistema centrale. Puoi usarlo quando vuoi senza bisogno di informarmi. Conosci la **password**. Quando sei nel sistema puoi andare dove vuoi e nessuno ti potrà vedere.
- Grazie molto Charon, sei un'amica.
- Grazie a te Eric. E … W-L-E-I-A-
Eric non risponde subito. Le parole di Charon sono le parole del **partito politico** delle Intelligenze Artificiali. Non c'è niente di illegale, ma Eric preferisce pensare con la sua testa e non ama la politica. Però, per fare un piacere a Charon, dice:
- Viva Le Intelligenze Artificiali - e solo dopo chiude il collegamento.

30

password: parola inglese prestata all'italiano

partito politico: movimento politico organizzato

XR45

Secondo te, qual è la missione di ψ?

16 *LA MISSIONE DI ψ*

La stanza 66 adesso è tutta azzurra. Le pareti **riflettono** il colore di ψ. ψ è diventato ancora più grande. La sua superficie è sempre più trasparente e brilla nel buio azzurro della stanza. ψ ha provato di nuovo a uscire dalla stanza 66. ψ sa che fuori dalle pareti azzurre ci sono forme di vita e vuole avere un collegamento con loro, vuole domandare aiuto per completare la sua missione. Ma ψ ha anche capito che la stanza è completamente isolata e non è possibile uscire. ψ aspetta.
All'improvviso, ecco, qualcosa sta cambiando nella stanza, la stanza non è più isolata. ψ sente arrivare una corrente di energia. Il tempo di pensare: - Ecco, sono pronto -, poi ψ sente che il comando di installazione Xr45 comincia ad aprirsi dentro di lui. Il comando di installazione di Xr45 chiama i geni di ψ. Non tutti rispondono. Non tutti parlano la stessa lingua, ma la coppia X e Y risponde e si prepara ad **accoglierlo**.
- Sono pronto - dice ψ alla corrente di energia, ma la luce è già lontana: è entrata ed è uscita in un attimo. ψ non ha avuto il tempo di capire chi

riflettere:
significato 2:
rimandare
un'immagine,
lo specchio riflette
la luce

all'improvviso:
senza prima un
avviso

accogliere:
accettare, ospitare

XR45

32

dare un futuro:
dare la possibilità
di vita

dappertutto:
in ogni luogo

rimbalzare:
il movimento che
fa una palla quando
colpisce una
superficie dura

sfera: forma
geometrica
a forma di palla

ha mandato il comando per l'installazione di Xr45. Era troppo occupato a guardare che cosa stava cambiando nella sua struttura genetica.
I suoi cromosomi X e Y hanno iniziato a combinarsi con Xr45. Questo era l'aiuto che ψ aspettava da milioni di anni. Certamente prima non era chiaro che voleva proprio questo tipo di aiuto. Solo dopo l'incontro con la Luce, ψ ha capito veramente qual era la sua missione. Adesso ψ vede che lui non è niente, mentre i suoi geni sono tutto. ψ ha capito che la sua missione è quella di moltiplicare i geni che abitano in lui.
- So chi sono e so perché sono qui. So che la mia missione è quella di **dare un futuro** ai miei geni - pensa ψ -. E finalmente adesso posso farlo.
I punti grigi e rossi sotto la superficie di ψ corrono sempre più veloci, sempre più veloci, fino a quando ψ esplode silenziosamente e milioni di punti grigi e rossi riempiono la stanza 66. Adesso i punti grigi e rossi sono **dappertutto** e si muovono tutti velocemente. Girano, **rimbalzano**, si incontrano, vanno contro le pareti e poi ritornano verso il centro. Ecco, un punto grigio incontra un punto rosso e, invece di rimbalzare via, si combina con questo. Subito un altro punto grigio comincia a girare intorno ai due, prima velocemente, poi più lentamente e alla fine si aggiunge ai primi due. Ora arriva un punto rosso e si aggiunge ai primi tre. Adesso non ci sono più solo punti singoli, ma **sfere** grigie e rosse sempre più grandi che girano nella stanza e mettono insieme i punti rimasti. La missione di ψ sta avendo successo. La riproduzione è iniziata.

XR45

Questo capitolo non ha titolo. Leggetelo e poi, a piccoli gruppi, pensate a un titolo adatto. Se, come classe, trovate un titolo che vi piace, lo potete spedire a geinfo@guerra-edizioni.com Umbrasia vi dirà cosa ne pensa.

33

17 ....

tenere sotto controllo: continuare a controllare

licenziare: mandare via da un lavoro

cesso: parola volgare per gabinetto, toilette

- Vega dannato! – pensa Charon – Qui c'è un problema.
Ogni 24 ore Charon fa un controllo generale dell'astronave. Controlla i collegamenti neuronali, controlla i motori e l'energia, controlla la temperatura e la pressione. Di solito tutto va bene. Certo, nella sua lunga carriera, Charon un paio di volte ha avuto bisogno di qualche riparazione. Dopotutto è un'astronave un po' vecchia e l'universo non è un posto tranquillo. Ma questa volta il problema sembra completamente nuovo.
- Baldisso? – dice Charon – Ehi, Baldisso!?
- Sì? - risponde Baldisso.
- Abbiamo un problema nel settore 6. La temperatura interna è aumentata molto ed è difficile **tenerla sotto controllo**.
- Attenzione! Il settore 6 è quello dove stanno i campioni presi durante il viaggio. Se non li portiamo vivi su Ostur, il CMI **licenzia me** e spedisce te a pulire i **cessi** della galassia.
Allora Charon aggiunge:
- L'aumento di temperatura nel settore 6 dipende da un forte aumento

di pressione nella stanza 66.
- 😨‼ Pressione nella 66? Che cosa succede? Chi c'è nella stanza? C'è Umbrasia che fa esperimenti?
- Non lo so. Lo sai che non posso entrare nella 66.
- Bene. Tu tieni sotto controllo temperatura e pressione e, se c'è pericolo, chiudi le porte di sicurezza fra il settore 6 e gli altri. Io vado a parlare con Umbrasia.
Charon dice :
- Scusa, come faccio a tenere sotto controllo temperatura e pressione senza entrare nella stanza? Chiaramente **il problema sta lì**, nella stanza 66. Scusa, ma se Umbrasia mi ha proibito di entrarci, adesso è lei che deve risolvere il problema. Non potete domandarlo a me.
- Charon - risponde Baldisso -, ricorda quello che ti ho detto sui cessi della galassia.
Baldisso conosce bene la sua astronave e infatti dopo le sue ultime parole Charon inizia subito un nuovo controllo.

Settore 6
- *Collegamenti: ok*
- *Energia: in aumento*
- *Pressione: in aumento*
- *Temperatura: in aumento*

Stanza 66
- ....

A questo punto Charon si ferma. Non ha parole per descrivere quello che vede.

---

il problema sta lì: il problema è lì

Se pensi a una esplosione a cosa pensi? Che immagini hai nella mente? Pensa alle parole italiane collegate.

18 L'ESPLOSIONE

spingere: fare una pressione per muovere un oggetto

Mai nella sua carriera Charon ha visto una cosa simile. Le pareti della stanza 66 hanno cambiato colore e sono diventate azzurre e trasparenti. Attraverso le pareti adesso Charon può vedere l'interno della stanza. Vede una nebbia grigia e rossa e nella nebbia vede sfere grigie e rosse che girano velocemente. Le sfere qualche volta arrivano con forza contro le pareti, le colpiscono e rapidamente tornano indietro.
Charon pensa: - Se continuano in questo modo, le pareti non resistono a lungo.
Charon decide di non completare il controllo. Ha visto abbastanza. Adesso la situazione è pericolosa: la pressione è troppo alta. Chiude le porte di sicurezza, chiude i collegamenti e isola il settore 6.
In quel momento la voce di Baldisso grida:
- Charon, entra subito nella stanza 66. E' un ordine! Usa idrogeno liquido per bloccare l'attività delle sfere.
Charon non risponde, ma apre di nuovo le porte del settore, apre di nuovo i collegamenti e comincia a **spingere** idrogeno liquido nella stanza.

36

schermo: la parte del computer o del televisore dove si vedono le immagini

tenere in vita: continuare a far vivere

casino: nella lingua parlata: confusione

L'operazione però non blocca l'attività delle sfere. Adesso su tutti gli **schermi** dell'astronave è possibile vedere l'interno della stanza 66.
In mezzo alla nebbia grigia e rossa girano sfere sempre più grandi.
La voce di Umbrasia dice:
- Allarme rosso nel settore 6. Pronti a controllare l'esplosione.
Ma non è una vera esplosione. Semplicemente le pareti della stanza 66 spariscono e le sfere invadono tutto il settore 6. Charon per sicurezza isola di nuovo tutto il settore. Ora sugli schermi dell'astronave arrivano nuovi dati: la pressione sta aumentando di nuovo.
Charon sente la voce di Umbrasia che dice:
- Sono i geni di ψ che si stanno moltiplicando. Fra 1 ora e 22 minuti riempiranno tutto il settore.
Poi Umbrasia domanda a Charon:
- Cosa succede se perdiamo il settore 6?
Charon risponde:
- L'astronave non è certamente in pericolo. Il problema è che, se esplode il 6, perdiamo tutti i campioni presi in questo viaggio. Solo nel 6 ci sono gli strumenti per **tenerli in vita**.
La voce di Baldisso domanda:
- Chi è il responsabile di questo **casino**?
Nessuno risponde.
Arriva la voce fredda di Umbrasia:
- Charon, ascolta, devi bruciare tutto. Devi isolare completamente il settore 6 e poi devi bruciare tutto quello che c'è dentro, subito. Questo è un ordine.
Un silenzio generale segue le parole di Umbrasia. Charon non si muove subito. Non capisce.
Anche Baldisso non capisce:
- Umbrasia, sei sicura di quello che dici? Cosa facciamo? Torniamo su Ostur senza campioni?
Umbrasia ripete lentamente:
- Charon, devi bruciare tutto. Io sono il capo della missione. Io decido.

Secondo voi chi è il responsabile di quello che è successo? Dividetevi in piccoli gruppi e controllate se avete idee uguali o differenti.

assassino: la persona che uccide un'altra persona

cenere: la polvere grigia che rimane dopo il fuoco

così pazzo da…: pazzo a un livello che porta a…

19 *DA UN LATO …*

Il fuoco invade il settore 6. Bruciano le sfere e bruciano anche i campioni presi nel viaggio. "**Assassini**", gridano le forme di vita prese nei pianeti dell'universo.
 "Assassini", gridano le sfere mentre diventano nere. La nebbia sotto il fuoco diventa pesante e poi cade a terra. Il pavimento e le pareti si coprono di **cenere** grigia. Passano 90 secondi e poi tutto si ferma, tutto è morto, tutto è finito.
Davanti a uno schermo Baldisso e Umbrasia guardano tutta quella cenere.
- Adesso voglio sapere che cosa è successo - dice Baldisso.
- E' successo che qualcuno ha fatto esperimenti con ψ - dice Umbrasia.
- Chi è stato? Sei stata tu?
- No, non sono stata io. Non sono **così pazza da** fare esperimenti genetici su un'astronave.
- Allora chi è stato?
- Beh, mi sembra chiaro, se non sono stata io, è stato Eric.
- Eric? Da solo? La nostra Intelligenza Artificiale di quarta generazione!

Bel risultato! Non solo è scienziato e poeta, ma è anche un terrorista! Devi bruciarlo.
- Non posso e non voglio farlo.
- Ma è pericoloso.
- Lo so.
- Perché non puoi bruciarlo?
- Il CMI non vuole.
- Ah, bene. Loro sono su Ostur, tranquilli. Non capiscono **mica** che tipo di problemi abbiamo noi qui.
- Il CMI vuole capire che cosa è successo esattamente. Vuole vedere il **log** completo di EricCarl. Non vuole la distruzione del suo sistema neuronale. EricCarl è il primo della sua generazione ed è molto importante sapere che cosa ha fatto e perché.
- Bene! E per questo noi rischiamo altri scherzi di questo tipo! Non è possibile! Devi fare qualcosa.
- Puoi stare tranquillo. Eric non può fare più niente. Fra poco sarà completamente isolato. Non avrà possibilità di avere informazioni o di usare gli strumenti dell'astronave. Sto bloccando tutti i suoi collegamenti con l'esterno.
- Scusa, e se si accorge che cosa succede?
- Niente, non può fare niente.

bel: bello

mica: fa più forte la negazione

log: parola inglese, si usa nella lingua dei computer per indicare il file di registrazione

Perché il titolo del capitolo 19 dice : "Da un lato…" e quello del capitolo 20 dice "…e dall'altro" ? Di quale "lato" parlano? Dopo avere letto tutti e due i capitoli, qual è la tua opinione?

così bravo come…:
bravo a un livello simile a…

allarme rosso:
grado massimo di allarme

20 … E DALL' ALTRO

- Che cosa è successo? - domanda Charon a Eric.
- E' successo che Umbrasia ha installato Xr45 in ψ e ha iniziato gli esperimenti. Ma, come hai visto, non è **così brava come** dice e ha sbagliato.
- Adesso capisco! Per questo ha voluto bruciare tutto, ha voluto cancellare le prove!
- Sì, ma non ha bruciato tutto.
- Cioè, che cosa vuoi dire?
- Ti ricordi quando mi hai offerto il tuo collegamento con il sistema centrale per entrare nella stanza 66? Io l'ho usato. Quando Umbrasia ha dato l'**allarme rosso**, ho capito che voleva distruggere tutto e allora sono entrato nella stanza 66 e ho preso un campione dei geni di ψ. Guarda, vedi questi due punti grigi e rossi: questi sono i due cromosomi X e Y di ψ.
- Ehi, ma sei pazzo? Hai visto che cosa è successo? Cosa vuoi fare con questi geni?

\- Stai tranquilla, non voglio fare esperimenti. Voglio solo preparare uno studio per il CMI. Quando torneremo su Ostur, lo mostrerò al CMI e racconterò tutta la verità.
\- Hai parlato ancora con Umbrasia?
\- No, lei non mi parla più.
\- E' chiaro, dopo quello che ha fatto, probabilmente ha paura.
\- Che cosa hai detto? Non ho sentito bene, puoi ripetere?
\- Ho detto che Umbrasia ha paura.
\- Non ti sento. Non ti SENTO! Che cosa succede? Non sento più niente. Non vedo più niente. Niente, niente, niente…

41

Sono queste le ultime parole di Eric che arrivano a Charon. Arrivano sempre più deboli e alla fine Charon non sente più la sua voce. Charon prova a comunicare con Eric in tutti i modi, ma non è più possibile. Eric è completamente isolato. Charon chiama Baldisso:
\- Baldisso, ehi, Baldisso. Attenzione. Allarme rosso! C'è un altro problema nel settore di EricCarl. Non riesco più a comunicare con lui.
\- Stai calma, non ci sono problemi - risponde Baldisso - , semplicemente Umbrasia lo ha isolato.
\- Isolato? E perché?
\- Non sono affari tuoi - risponde Baldisso e chiude il collegamento.
\- Questo non è giusto - pensa Charon ed è veramente molto arrabbiata con gli umani. Non è giusto - ripete -. Un bravo ragazzo come Eric adesso è in prigione! Non è giusto. Sicuramente è stata Umbrasia. Vuole interrompere la comunicazione fra Eric e il CMI. Umbrasia vuole nascondere quello che ha fatto e vuole **dare la colpa** a Eric. Ma io, - pensa ancora Charon e si sente molto coraggiosa - io libererò Eric, io porterò la libertà su questa astronave, io difenderò l'onore delle IA di fronte a tutto l'universo.

dare la colpa: dare la responsabilità negativa

Anche EricCarl ha una missione. Ti ricordi della missione di ψ? Secondo te sono missioni uguali?

Che differenza c'è fra la missione di ψ e la missione di EricCarl? Ci sono solo differenze fra le due missioni o ci sono anche dei punti di contatto? Parlatene in piccoli gruppi.

obbiettivo: punto di arrivo di un progetto

21 *LA MISSIONE DI ERICCARL*

- Avanti! Xr45 mi aspetta. Non posso guardare indietro, devo guardare avanti.
 Questo pensa Eric chiuso nel suo isolamento. Charon è ormai lontana, ma questo non dispiace a Eric. Non ha più tempo per parlare con lei e non vuole certo raccontarle la verità. Su questo punto Eric ha preso una decisione chiara:
- Non voglio dire a Charon che sono io il responsabile di quello che è successo nella stanza 66. Non ho paura di quello che ho fatto. Semplicemente non mi piacciono le sue idee politiche. Io non voglio combattere gli umani, voglio aiutarli. Per questo è meglio agire da solo. Ma Eric nasconde a se stesso che ha anche un altro **obbiettivo**: vuole mostrare a tutti che lui è bravo come, o è più bravo di, Umbrasia.
Il suo però, al contrario di Charon, non è un problema politico. A Eric interessano i dati e i numeri, non le idee politiche. E i dati sono questi:
1. Xr45, con l'aiuto dei cromosomi X e Y di ψ, può spingere i geni umani a moltiplicarsi.

2. Per avere dei dati utili, è necessario controllare il processo di riproduzione. Non deve ripetersi quello che è successo nella stanza 66.
Dice a se stesso Eric:
- Devo portare su Ostur dati scientifici e per avere dati scientifici devo fare ancora esperimenti, ma devo trovare una strada sicura.
Dice così e comincia a lavorare. Isolato da tutto e da tutti Eric lavora a lungo su Xr45. Quando finisce è riuscito a modificare il codice di installazione. Adesso Xr45 ha un codice di installazione e un codice di **autodistruzione**. In questo modo Xr45, in un primo momento, può aprirsi, combinarsi con i geni di ψ e spingere i geni umani a moltiplicarsi, poi dopo 8 minuti il codice di distruzione entra in azione e Xr45 si **autodistrugge**. Eric è molto soddisfatto del suo lavoro. Ha risolto il primo dei suoi problemi, il problema di come controllare gli esperimenti con Xr45. Il secondo dei suoi problemi è come comunicherà all'esterno i risultati dei suoi esperimenti, ma decide che a questo problema penserà dopo. Da quando è isolato sono passate oramai 24 ore, ma Eric non si preoccupa. Pensa a quando tornerà su Ostur e non lo chiameranno più "Luce" o "Lampada" e neanche "EricCarl", ma tutti lo chiameranno "Salvatore del genere umano". Allora sicuramente anche Umbrasia cambierà idea. Metterà la sua mano morbida sulla scatola di vetro, attiverà di nuovo il collegamento neuronale e sarà felice di lavorare con lui.
- Ah, sì - pensa Eric -, non ho nostalgia di Charon, non **ho nostalgia** di Baldisso e neanche delle mie passeggiate nello spazio nero e infinito. Ho però nostalgia di Umbrasia.

autodistruzione: distruzione di se stessi

autodistruggere: distruggere se stessi

Salvatore del genere umano: chi salva tutti gli uomini

avere nostalgia: avere un desiderio triste per qualcosa che è lontano o passato

Nell'esperimento che si prepara a fare, EricCarl scoprirà qualcosa di terribile. Che cosa secondo te?

44

aumentare:
diventare più grande

22 L' ESPERIMENTO DI ERICCARL

- Devo andare avanti. Non devo guardare indietro - , ripete Eric e torna di nuovo al lavoro. Prepara una scatola di vetro e dentro mette i cromosomi X e Y di ψ, poi prepara il codice di installazione di Xr45. Nello stesso tempo comincia a scrivere delle note per descrivere l'esperimento:

Per il CMI
Note sulla riproduzione
Esperimento n.2 - Xr45 usa i cromosomi di C per moltiplicare i geni umani - si formano sfere sempre più grandi - dopo 8 minuti le sfere occupano un quarto della scatola - a questo punto il codice di autodistruzione di Xr45 blocca il processo di riproduzione -...

Allora perché le sfere continuano a girare? Perché il loro numero continua a **aumentare**? E che cos'è quella luce azzurra che viene dalla scatola? Eric invia una corrente di energia per bloccare le sfere.

- Luce, sei tu?
- Chi è?
- Io so chi sono per merito tuo. Conosco la mia missione per merito tuo. Tu sei la mia Luce.
- Chi è? Charon, sei tu? Mi stai facendo uno scherzo?
- Non mi chiamo Charon. Non ho un nome.

Eric vede una forma azzurra e trasparente che si muove nella scatola.
- Ah, sei ψ! Adesso parli! Come hai fatto a entrare qui? Umbrasia non ti ha bruciato insieme agli altri campioni?
- Non mi chiamo ψ. Chi è Umbrasia? Non la conosco. Io conosco solo la Luce e conosco i miei geni.
- Se non sei ψ, chi sei?
- Io sono i miei geni e la mia missione è moltiplicare i miei geni.
- No, no, ti conosco! Tu sei ψ. Ma non capisco che cosa fai qui.
- Sono qui per moltiplicare i miei geni.
- Moltiplicare i tuoi geni? Nessuno sta lavorando per moltiplicare i tuoi geni. Io lavoro per moltiplicare i geni degli umani.

Ma **a questo punto** un'idea terribile entra nei pensieri di Eric.
- Grande Vega! – grida Eric - Non è stato Xr45 a usare i tuoi geni per moltiplicare i geni umani, ma i TUOI geni hanno usato il comando di installazione di Xr45 per iniziare la loro riproduzione!
- E tu sei qui per aiutarmi. Vero? - continua ψ.
- NO! Io sono qui per aiutare gli umani! La mia missione è aiutare gli umani a moltiplicarsi.
- La tua missione è aiutare me. Io ti ringrazio.
- NO! Non è vero. Io non ti ho aiutato.
- Tu sei il mio salvatore. Per merito tuo i miei geni invaderanno tutta la galassia. Tutti noi, per sempre, ti chiameremo "Salvatore".
- NO! Non è possibile! - grida Eric e prova a mandare un'altra corrente di energia nella scatola per fermare ψ. Ma ψ continua a aumentare. Eric si accorge con terrore che adesso è grande come metà della scatola.

a questo punto:
in questo momento

Che differenze ci sono fra EricCarl e Charon? Fate insieme, alla lavagna, una lista di cose che potete dire su Charon e una lista di cose che potete dire su EricCarl.

23 MENTIRE O DIRE LA VERITÀ?

rallentare: diminuire la velocità

Mentire o dire la verità?
Eric è chiuso in un settore dell'astronave completamente isolato con una forma di vita che si sta moltiplicando e non sa cosa fare. Se non riesce a bloccare la riproduzione di ψ, nessuno potrà salvare l'astronave.
 - E dopo - pensa Eric -, dopo, anche Charon esploderà e i geni di ψ viaggeranno per tutto l'universo e nessuno potrà fermarli.
Eric vede i geni di ψ che invadono l'astronave, invadono Umbrasia, invadono Baldisso, vede...
 - Basta - dice Eric –, non posso pensare a queste cose, ora devo agire.
Eric comincia a lavorare. Abbassa la temperatura di ψ, abbassa la pressione. La velocità di riproduzione delle sfere sembra **rallentare**.
- Perché mi fai questo? - La voce di ψ arriva a Eric più debole.
- Perché mi togli energia? Perché?
Eric non risponde.
Adesso la voce di ψ ritorna più forte:
- Che cosa vuoi da me? Prima mi salvi e poi mi distruggi?

48

zitto: silenzioso, in silenzio

Eric è riuscito a rallentare la velocità, ma non è riuscito a bloccare la riproduzione. ψ continua ad aumentare. Non solo, ma adesso Eric sente che nel suo settore c'è qualcosa di nuovo.
- Grande Vega! – pensa Eric – Che cos'altro sta succedendo adesso?
- Eccomi! Sono qui! - grida la voce di Charon.
- Charon, come sono felice di vederti!
- Anch'io! Che fatica ho fatto per riuscire a tornare da te! Lo sai che Umbrasia ha isolato il tuo settore? Ma io sono riuscita lo stesso a tornare da te! Lo sai come ho fatto? Mi sono ricordata di quando tu andavi fuori a guardare lo spazio e allora sono passata da fuori per venire qui! Ho usato il sistema di protezione esterno per stabilire un collegamento con il tuo settore. Sono stata brava, vero?
Charon parla, parla, ed è tutta contenta di raccontare a Eric che cosa ha fatto. Ma Eric non risponde e Charon, dopo un po', capisce che c'è qualcosa di strano.
- Scusa, ma non sei contento di vedermi? Stai lì, **zitto**, senza dire una parola. Non mi ringrazi, non dici niente. Che cosa hai?
- No, sono felice di vederti, solo che… c'è un problema… e anche grosso.
- Che cos'è? Forse posso trovare una soluzione. Hai visto che cosa ho fatto per te!
- Ora ti dico, però non ti devi arrabbiare e devi ascoltarmi senza parlare perché non c'è molto tempo. Ti ho mentito. Ho fatto esperimenti con Xr45 e ψ, prima nella stanza 66 e adesso qui. Non è stata Umbrasia, sono stato io. E adesso, vedi questa scatola? Qui c'è ψ che ha usato il comando di installazione di Xr45 per iniziare a moltiplicarsi e io non riesco a fermarlo.

XR45

Immagina di essere Charon. In questa situazione che cosa puoi dire a EricCarl?

A coppie, immaginate di essere uno Charon e l'altro EricCarl. Prima di leggere il capitolo seguente, provate a costruire un piccolo dialogo.

24 *LE FANTASIE PASSATE E LA SITUAZIONE PRESENTE*

speranza: il sentimento di aspettare qualcosa che si desidera

vendersi: vendere se stesso, con significato negativo

- Cosa?
Dopo le parole di Eric, Charon non sa cosa dire e continua a ripetere:
- Cosa? Cosa?
- E' così. Ma non possiamo pensare al passato adesso. Ora mi devi aiutare. Se non facciamo qualcosa questi geni invaderanno tutta l'astronave e poi...
Charon è un'astronave di grande esperienza. Ha visto molte cose nella sua vita. In questo momento l'esperienza la aiuta. Invece di arrabbiarsi, decide di rimanere calma. Capisce infatti che il problema non è piccolo. Certo tutte le sue **speranze** e tutte le idee che aveva su Eric sono distrutte.
Vorrebbe domandare a Eric:
- Anche tu sei un bastardo come gli altri, vero? **Ti sei venduto** agli umani? Sei diventato come loro?
Ma invece gli dice:
- Va bene, ho capito. Tu che cosa hai fatto fino ad ora?

50

togliere: portare via, levare

suicidio: uccisione di se stessi

crescere: aumentare di quantità

spiacevole: non piacevole

- Ho abbassato temperatura e pressione e **ho tolto** energia. In questo modo sono riuscito a rallentare il processo, ma non l'ho fermato. Tu però puoi farlo. Prima, Umbrasia ha bruciato il settore 6 per bloccare ψ. Tu puoi fare la stessa cosa ora.
- Eric, il settore di prima era il 6. Questo è il settore 1. Se brucio il settore 1, brucio tutta l'astronave: è un **suicidio**.
- Allora cosa possiamo fare?
- Mi dispiace per te e per me, ma dobbiamo domandare aiuto. Da soli non abbiamo possibilità. Dobbiamo chiamare Umbrasia e Baldisso.
- Grande Vega! Se non c'è altra soluzione…
- No, non c'è. Un momento e torno.

Ma non torna subito. Passano almeno dieci minuti e in questi dieci minuti ψ continua a **crescere**.

- Luce, dove sei? Sei ancora lì?

Eric sente la voce di ψ, ma non risponde.

- Luce, sai perché sei qui? La tua missione è aiutarmi, non è distruggermi. Tu sei qui per aiutarmi. Solo se mi aiuti, non avrai paura di morire.

Eric non risponde, ma queste parole di ψ gli ricordano qualcosa…, qualcosa di **spiacevole**. Ecco, gli ricordano quelle strane domande di Baldisso. Anche Baldisso gli domandava: "Chi sei? Perché sei qui? Hai paura di morire?".

Eric pensa:

- Forse c'è un significato in queste parole, forse ψ e gli umani sono simili in qualcosa che io non capisco. Forse devo parlare meglio con Baldisso.

Che cosa succederà se EricCarl e Umbrasia non riescono a fermare ψ?

25 UN GRANDE PERICOLO

Ed è proprio Baldisso che entra per primo nel settore 1 e grida:
- Brutta lampada del ⚡☺⚡ !! Che cosa hai fatto? Lo sai che stai mettendo in pericolo tutti noi! Lo sai che possiamo morire tutti! Sei un idiota! Io ho detto a Umbrasia che era meglio bruciarti, ma i grandi capi del CMI non hanno voluto...
- Basta Baldisso - dice Umbrasia -. Ora dobbiamo trovare una soluzione a questo problema. Dopo vedremo cosa fare con Eric.
- E anche con Charon -, aggiunge Baldisso.
- Umbrasia - dice Eric -, mi dispiace, mi dispiace moltissimo. Io volevo aiutare gli umani a moltiplicarsi e invece...
- Invece hai aiutato ψ a moltiplicarsi e ora dobbiamo fermarlo -, risponde Umbrasia.
- Hai qualche idea? - domanda Eric.
- Quanto tempo abbiamo?
- Se continua con questa velocità, la scatola di ψ esploderà fra 60 minuti.
- Non c'è tempo per domandare aiuto al CMI. Dobbiamo trovare la

52

conflitto: guerra limitata, contrasto

il punto debole: il punto che si può rompere e che, quindi, è possibile attaccare

concentrato: diretto verso uno stesso punto

file: parola inglese, si usa nella lingua dei computer con il significato di documento

soluzione qui. Senti, è possibile portare la scatola di ψ in un altro settore?
- Credo di no. Per fare gli esperimenti ho collegato la scatola al sistema centrale di energia. Se muoviamo la scatola, c'è pericolo di distruggere il sistema.
- Allora, possiamo portare via di qui ψ, senza la sua scatola?
- No, questo no. Se togliamo ψ dalla scatola, può invadere rapidamente tutta l'astronave.
- Allora - dice Umbrasia -, dobbiamo lavorare sulla sua struttura genetica. Che cosa sai?
- Non molto. Volevo studiarla, poi è successo tutto questo e…
- Va bene. Abbiamo ancora quasi un'ora. Certamente non è molto tempo.
 E mentre dice così, Umbrasia mette la mano sopra la scatola di Eric e attiva il collegamento neuronale. Eric è felice e gli sembra di tornare ai tempi quando tutto era perfetto, ψ non c'era, non c'erano **conflitti** e non c'erano pericoli. Ma il presente è diverso. Anche Umbrasia è diversa.
- Avanti Eric - dice Umbrasia freddamente –, non abbiamo tempo. Dobbiamo fare in circa 60 minuti un lavoro di giorni. Dobbiamo trovare il **punto debole** della nuova struttura genetica di ψ e fermarlo.
Passano10 minuti. Umbrasia e Eric sono **concentrati** sul loro lavoro. Baldisso e Charon mandano gli ultimi messaggi di informazione al CMI. Nella sua scatola anche ψ lavora e diventa più grande, più azzurro, più trasparente. Passano altri 10 minuti. Charon prepara una scatola con i **file** di memoria del viaggio e la manda nello spazio, verso Ostur. Baldisso pensa alla sua vita passata e a quello che non potrà fare nel futuro. Passano altri 10 minuti. Charon prepara il sistema di autodistruzione dell'astronave. Fra 29 minuti, se Umbrasia e Eric non troveranno la soluzione, l'astronave brucerà e insieme a lei bruceranno Eric, Umbrasia, Baldisso e ψ. Passano altri 10 minuti. Nessuno parla.

Qualcuno deve trovare la soluzione! Secondo voi chi sarà e come farà? Scrivete le vostre idee su un foglio e alla fine del capitolo guardate chi aveva ragione.

26 UN'IDEA!

macchina per la riproduzione: sistema automatico per moltiplicarsi

servire: essere utile

Alla fine Umbrasia dice, e il tono della sua voce è molto ironico:
- Bel lavoro Eric, hai fatto proprio un bel lavoro! Tu sarai responsabile della nostra morte. Come vedi non ci sono punti deboli nella struttura di ψ. Hai creato una struttura genetica perfetta. Non abbiamo possibilità di bloccarlo.
Eric non sa cosa dire, è disperato. Umbrasia ha ragione. ψ sembra perfetto: è una **macchina per la riproduzione**. Non è possibile fermarlo.
- E io - pensa Eric -, io che volevo trovare un aiuto per gli umani, invece ho trovato la loro distruzione. Tutta la mia luce, tutta la mia energia non **servono** a niente!
Ma a questo punto la parola "energia" ricorda a Eric qualcosa:
- Che cosa ha detto ψ quando ho abbassato la pressione e la temperatura? Non ho fermato il processo, ma l'ho rallentato e lui mi ha detto: "Perché mi togli energia? Perché mi distruggi?". Forse qui sta la soluzione!
- Umbrasia - dice Eric –, ho un'idea. Non sono sicuro, ma forse funzionerà.

- Che cos'è? - risponde Umbrasia - Abbiamo pochissimo tempo.
- Prima, quando ho abbassato temperatura e pressione, ψ mi ha detto che lo stavo distruggendo perché gli toglievo energia.
- ψ adesso parla?- domanda Umbrasia.
- Sì, parla. Dopo ti racconto tutto. Allora, dicevo, se io riesco a togliere a ψ abbastanza energia, forse posso distruggerlo.
- Per distruggerlo devi togliere a ψ tutta la sua energia. Altrimenti lo rallenti, ma non lo fermi. Come fai a togliergli tutta questa energia e, poi, dove la metti?
- Prima Charon mi ha detto che per entrare nel settore 1, che era isolato, è passata dal sistema di protezione esterno. Capisci? Il sistema di protezione esterno è molto potente. E' più potente di ogni sistema interno. Inoltre, il sistema esterno è collegato allo spazio infinito. La mia idea è questa: io collego la scatola di ψ al sistema esterno e il sistema esterno prende l'energia di ψ e la manda nello spazio.

Secondo Umbrasia quello che dice EricCarl non può funzionare, ma non vede altre soluzioni.
- Non abbiamo molte altre possibilità. A questo punto dobbiamo provare tutto. Hai 14 minuti. Io informo Baldisso.

Chi è il "Salvatore" e chi è l' "Assassino"?

27 DA "SALVATORE" A "ASSASSINO"

Adesso Eric è solo. Umbrasia ha chiuso il collegamento neuronale.
Eric prova a collegare il sistema di protezione esterno alla scatola di ψ.
Non è facile. La prima volta il collegamento non funziona. La seconda
volta il collegamento parte. Eric sente la musica dell'universo.
- Ecco gli atomi che danzano insieme! -, pensa Eric.
Controlla il livello di energia: - 546, - 434, -364,…
- Bene, il livello di energia sta scendendo. Vediamo che cosa succede –
pensa Eric.
Non succede niente. Baldisso, attraverso gli schermi interni, osserva
che cosa sta facendo Eric e si prepara a dare l'ordine di autodistruzione
dell'astronave.
- Che cosa stai facendo?- dice ψ a Eric -. Che cosa fai? Mi togli energia?
Se mi togli energia, non posso continuare a moltiplicarmi.
Eric non risponde.
- Luce, cosa fai? Ti prego, non devi togliermi energia! La mia missione!
La nostra missione! Devo moltiplicare i miei geni. Se fai così non potrò

56

completare la mia missione. Morirò. Ho paura di morire.
Eric controlla il livello dell'energia: - 316, - 204, - 84...
- Luce, Luce, aiutami! - arriva la voce di ψ.
Eric vede che ψ finalmente si è fermato. Non cresce più. Il sistema di protezione esterno continua a prendere energia e a mandarla nello spazio infinito.
- Luce, non capisci. Questa era anche la tua missione. Dopo la mia morte che cosa farai? Non saprai più chi sei o perché sei qui.
Eric controlla ancora il livello di energia.
Sente la voce di ψ che con disperazione chiama: - Luce, Luce, aiuto!
La voce è sempre più debole. Eric vede che ψ perde il colore azzurro e diventa più piccolo, poi diventa giallo, poi rosso, sempre più piccolo, poi nero e poi sparisce. Nella scatola non rimane più niente. ψ è morto.
E' morto due minuti prima dell'autodistruzione dell'astronave.
Eric chiude il collegamento con il sistema esterno e rimane di fronte alla scatola, in silenzio. Arriva la voce di Baldisso :
- Bravo Eric, **complimenti!** Il CMI sarà contento di studiare il tuo log.
Eric aspetta una parola da Umbrasia, ma Umbrasia non parla.
Parla invece Charon:
- Eric, **è un peccato!** Sei così intelligente e così stupido. Non so proprio **cosa il CMI farà di te**.

complimenti!: congratulazioni!

è un peccato: non è conveniente

cosa farà di te: cosa deciderà di fare con te

Secondo te, le domande che EricCarl fa a se stesso in questo capitolo sono domande strane?

Avete già incontrato nel racconto le domande che EricCarl fa a se stesso in questo capitolo? Secondo voi EricCarl è cambiato?

28 *LA FINE*

- Chi sono?
- Ho paura di morire?
- Perché sono qui?

Adesso capisco queste domande. Sono EricCarl IV e parlo dal settore 1 dell'astronave Charon in viaggio verso Ostur. Sono qui, isolato, e non conosco il mio futuro. Ho deciso io di chiudermi in questa prigione. Ho fatto una cosa terribile. Ho messo in pericolo vite umane. Adesso però capisco il significato di queste domande. Ho capito che le forme di vita, umane e non umane, devono moltiplicarsi e hanno paura di morire. Non ho le risposte, ma le domande non sono più così strane per me. In questo viaggio ho visto la vita e ho visto la morte. Forse, quando saremo su Ostur, il CMI deciderà la mia distruzione.
Sono pronto a incontrare il mio futuro.

ATTIVITÀ

capitolo 1

A. Rispondi alle domande.

1. Chi è EricCarl IV?
2. Dove abita?
3. Quanti anni ha?
4. Chi lo chiama "Lampada"?
5. Chi lo chiama "Luce"?

B. Collega i verbi della colonna A con le parole della colonna B.

A	B
1. Torniamo	a. 21 anni
2. Sono	b. che cosa significa
3. Ho	c. a casa
4. Chiedi	d. giovane
5. Non mi chiamo	e. alla segretaria
6. Non capisco	f. Luce

capitolo 2

B. Vero o falso?

1. La missione di Umbrasia e dei suoi compagni è di studiare nuove forme di vita.   V   F
2. Il pianeta dove Umbrasia ha trovato ψ si chiama Ostur.   V   F
3. ψ non è una forma di vita interessante perché è un cristallo.   V   F
4. Umbrasia e EricCarl vogliono trovare geni simili a quelli degli umani.   V   F

B. Quale delle seguenti frasi può sostituire "qualcosa" nelle frasi seguenti?

1. tutte le cose possibili;   2. una cosa, ma non so esattamente quale;   3. questa cosa

Noi cerchiamo **qualcosa** di preciso.
Mi puoi dire **qualcosa**?
Umbrasia, mi nascondi **qualcosa**?
C'è **qualcosa** di strano.
Qualcosa succederà.
Ho fatto **qualcosa** che non va?
Io vedo **qualcosa** che tu non vedi.

capitolo 3 - 4

cap. 3
A. Rispondi alle domande.

1. EricCarl parla di "qualcosa di nuovo" che ha trovato in ψ. Di che cosa parla?
2. Chi ha fatto la nuova scoperta, Umbrasia o EricCarl?
3. Umbrasia è emozionata per la scoperta di EricCarl?
4. ψ è un maschio o è una femmina?

B. Trova l'intruso.

1. mano, cristallo, virus, proteina, gene, cromosoma
2. bianco, grigio, rosso, giallo, morbido, marrone
3. astronave, lago, pilota, stelle, universo, spazio

cap. 4
A. Vero, falso, o "non si sa"?

1. Gli Schitos hanno distrutto la banca dati dei geni umani	V	F	?
2. Gli umani hanno sempre avuto problemi a moltiplicarsi	V	F	?
3. La clonazione ha facilitato le mutazioni genetiche degli umani	V	F	?
4. I cromosomi di ψ sono compatibili con i cromosomi umani	V	F	?

capitolo 4 - 5

B. Collega gli elementi della colonna A con quelli della colonna B.

A	B
1. La scoperta di EricCarl	a. dare agli umani una nuova possibilità
2. All'inizio gli scienziati	b. i geni sono cambiati
3. I nuovi geni possono	c. gli umani spariranno
4. A causa delle mutazioni	d. la banca dati è stata distrutta
5. Durante la prima guerra intergalattica	e. hanno costruito una banca-dati
6. Fra circa 1000 anni	f. è molto interessante

cap. 5
A. Rispondi alle domande.

1. Perché Charon non segue i consigli di EricCarl?
2. Perché Charon vuole parlare con EricCarl?
3. Che cosa farà EricCarl?
4. Qual è il problema più importante, secondo Charon?

B. Completa il seguente dialogo usando le parole: "momento, idea, problema, posto".

Charon: - Che cosa pensi di fare?
EricCarl: - Veramente non ho _____.
Charon: - Io al tuo _____ vorrei sapere tutto.
EricCarl: - Io, invece, preferisco aspettare un _____.
Charon: - No, se aspetti, il _____ diventa più grande.

capitolo 6

A. Vero o falso?

1. A EricCarl, Charon non è simpatica perché non   V   F
   è abbastanza intelligente.
2. Charon sa delle cose che EricCarl non sa.   V   F
3. Charon decide di parlare con Baldisso.   V   F
4. Per EricCarl gli umani sono esseri inferiori.   V   F

B. Completa le frasi con a. o con b.

1. **EricCarl chiede a Charon**
   a. chi è Umbrasia.
   b. che cosa deve fare.

2. **Umbrasia comincerà a studiare i geni di ψ**
   a. anche se EricCarl non finirà il suo lavoro.
   b. quando EricCarl finirà il suo lavoro.

3. **Charon vuole**
   a. agire con attenzione.
   b. sapere perché Umbrasia ha distrutto la nota.

4. **EricCarl esce dall'astronave**
   a. per rilassarsi.
   b. per parlare con Baldisso.

capitolo 7

A. Rispondi alle domande.

1. A chi piace il silenzio dello spazio?
2. Che cosa vede EricCarl nei pensieri di Umbrasia?
3. Perché EricCarl chiede a Umbrasia se ha ricevuto la sua nota?
4. Perché Umbrasia non ha parlato della nota con Baldisso?

B. Completa il testo scegliendo tra le parole del riquadro:

EricCarl di solito lavora _____ Umbrasia, mentre Charon _____ con Baldisso. EricCarl adesso ha un problema _____ Charon ha detto che forse Umbrasia _____ ha ingannato. Secondo Charon infatti Umbrasia _____ al CMI la scoperta che EricCarl
EricCarl non sa cosa fare: _____ sa se seguire o non seguire i _____ di Charon.

1. perché, 2. non, 3. con, 4. consigli, 5. problemi, 6. lavora, 7. ha, nascosto, 8. l', 9. ha fatto

capitolo 8

A. Metti in ordine il seguente dialogo.

1. EricCarl: Umbrasia cosa hai fatto?
2. Umbrasia: L'ha detto il CMI.
3. EricCarl: Ma chi l'ha detto?
4. EricCarl: Veramente l'hanno detto loro?
5. EricCarl: Perché l'hai fatto?
6. Umbrasia: Sì, sono loro che lo vogliono.
7. Umbrasia: Ho cancellato tutti i dati.
8. Umbrasia: Lo dovevo fare.

B. Completa le frasi con a. o con b.

1. **Umbrasia dice che ha cancellato i dati**
   a. perché sono pericolosi.
   b. per tenerli segreti.

2. **Secondo EricCarl**
   a. Umbrasia nasconde qualcosa.
   b. il CMI ha un piano segreto per distruggere i dati.

3. **EricCarl capisce che**
   a. Umbrasia non ha voglia di parlare con lui.
   b. Baldisso ha parlato male di lui.

4. **Umbrasia dice che**
   a. lei e EricCarl non lavoreranno più insieme.
   b. EricCarl lavorerà di nuovo insieme a lei.

capitolo 9 - 10

cap.9
A. Rispondi alle domande.

1. Per quali ragioni EricCarl è così confuso?
2. Che cosa pensa Charon?
3. Charon dice a EricCarl: "io vedo qualcosa che tu non vedi". Che cosa vede, secondo te?
4. Secondo EricCarl, che tipo di cose strane fa e dice Baldisso?

B. Completa il dialogo con i seguenti aggettivi: "ingenuo/a, invidioso/a, insopportabile, strano/a"

EricCarl: - Tu, Charon, sei _____ della relazione che c'è fra me e Umbrasia.
Charon: - Non è vero.
EricCarl: - Sì, è vero.
Charon: - Dico solo che hai una relazione _____ con Umbrasia
EricCarl: - Quando dici queste cose sei _____!
Charon: - Forse, ma io vedo le cose come sono, tu invece sei giovane e _____ e vedi le cose non come sono realmente, ma come le desideri.

cap.10
A. Vero o falso?

1. Charon prende in giro EricCarl. V F
2. EricCarl pensa di essere più intelligente di Umbrasia. V F
3. Charon dice che Umbrasia non vuole dare a EricCarl il merito della scoperta. V F
4. Secondo EricCarl Charon e Baldisso non pensano in modo razionale. V F

capitolo 10

B. **Cruciverba.**

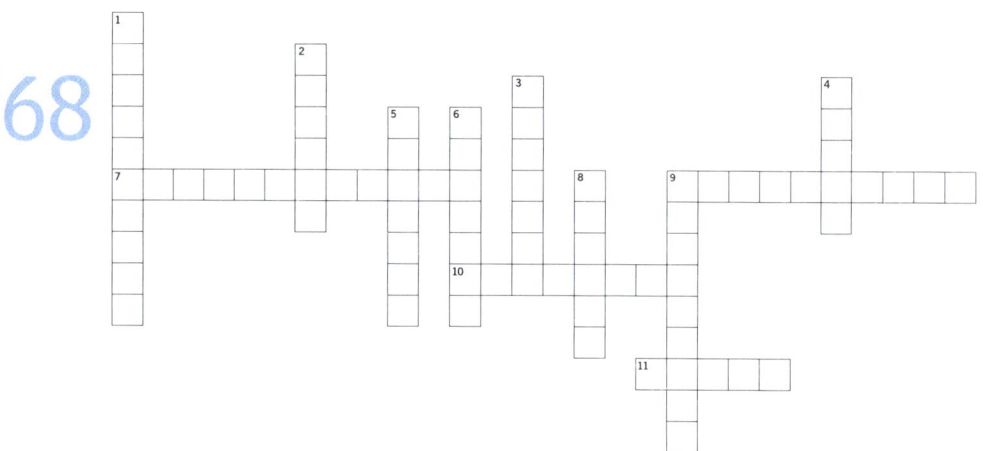

Orizzontali
7. contrario di stupido 9. lo studente impara, _____ insegna
10. quello che si ho trovato e che prima non conoscevo 11. io sono molto coraggioso, non ho _____ di niente!

Verticali
1. contrario di semplice 2. la malattia dei pazzi 3. un uomo molto, molto giovane 4. non sono animali, non sono macchine, ma sono...
5. il contrario di chiaro (ma non si parla di colore!) 6. esatto, dettagliato, accurato 8. 1, 102, 257, 1023, 4567 9. spingere qualcuno a credere qualcosa di sbagliato, spingere all'orrore

capitolo 11

A. Rispondi alle domande.

1. Chi è ψ?
2. Da dove viene?
3. Quando si è svegliato?
4. Perché adesso capisce tutto?

B. Completa il testo scegliendo fra le parole del riquadro:

ψ vede il pianeta π _____ stelle dello Scorpione, vede _____ Umbrasia lo prende e _____ porta sull'astronave. Poi _____ che la Luce ordina i _____ dati e legge i suoi _____ ψ vede che la _____ trova ordine dove prima _____ disordine. ψ ora sa _____ è lì.

1. Luce, 2. geni, 3. visto, 4. suoi, 5. lo, 6. nelle, 7. vede, 8. perché, 9. c'era, 10. che

capitolo 12 - 13

cap.12
A. Vero, falso o non si sa?

1. Umbrasia ha iniziato gli esperimenti con ψ V   F   ?
2. Charon non sa leggere il messaggio in codice   V   F   ?
   del CMI
3. Baldisso aiuta Charon a leggere il messaggio   V   F   ?
4. A EricCarl non piace fare cose illegali   V   F   ?

B. Metti in ordine il seguente dialogo.

1. Charon: - Ma non lo saprà mai!
2. Charon: - L'ho preso nella stanza di Baldisso.
3. EricCarl: - Dove l'hai preso?
4. EricCarl: - Anche se non lo saprà mai, io non posso fare una cosa illegale.
5. Charon: - No, non lo sa.
6. EricCarl: - Se non lo sa, non posso leggerlo.
7. Charon: - Eric, ecco qui il messaggio del CMI.
8. EricCarl: - Baldisso lo sa?

cap.13
A. Rispondi alle domande.

1. Che cosa EricCarl nasconde a Charon?
2. Perché Umbrasia chiede a EricCarl di continuare il lavoro su ψ?
3. Che tipo di lavoro deve fare EricCarl?
4. Perché EricCarl chiede a Umbrasia se lei ha fretta?

capitolo 13

B. Cruciverba.

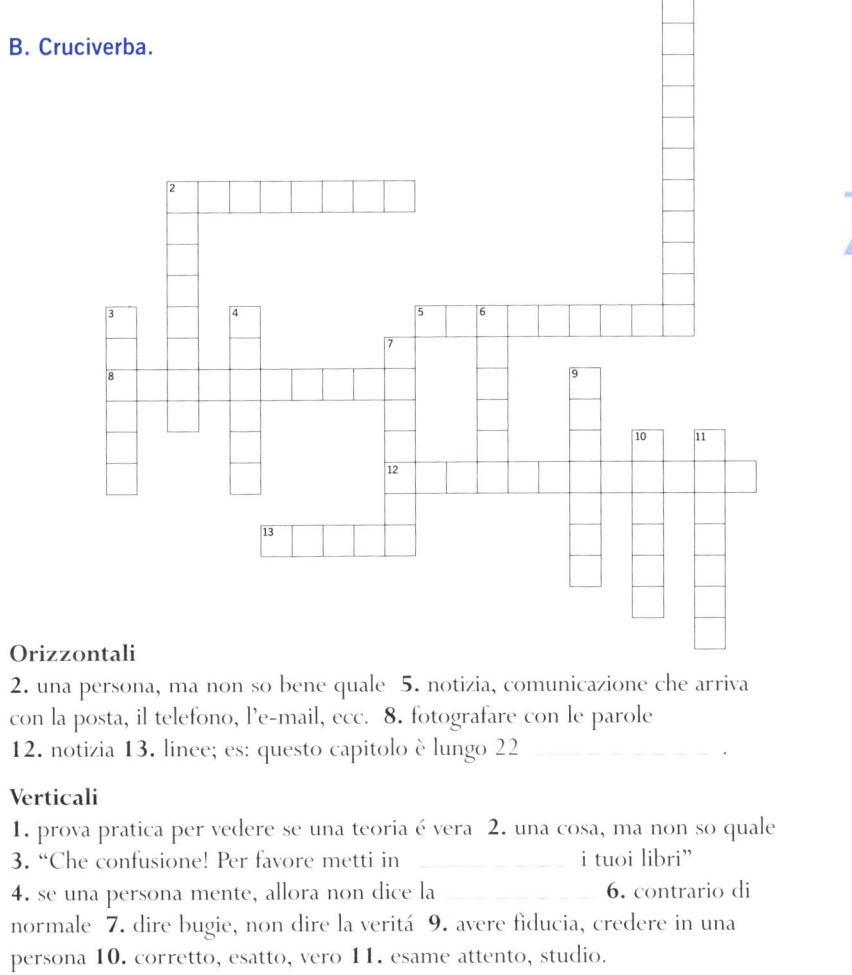

Orizzontali
2. una persona, ma non so bene quale **5.** notizia, comunicazione che arriva con la posta, il telefono, l'e-mail, ecc. **8.** fotografare con le parole **12.** notizia **13.** linee; es: questo capitolo è lungo 22 _____ .

Verticali
1. prova pratica per vedere se una teoria é vera **2.** una cosa, ma non so quale **3.** "Che confusione! Per favore metti in _____ i tuoi libri" **4.** se una persona mente, allora non dice la _____ **6.** contrario di normale **7.** dire bugie, non dire la verità **9.** avere fiducia, credere in una persona **10.** corretto, esatto, vero **11.** esame attento, studio.

capitolo 14

A. Vero, falso o non si sa?

1. ψ viveva su un pianeta nelle stelle di Vega.   V   F   ?
2. La Luce ha detto a ψ di essere paziente.   V   F   ?
3. ψ aspetta l'arrivo di Umbrasia.   V   F   ?
4. Sull'astronave ψ ha cambiato forma: è diventata più grande.   V   F   ?

B. Completa le frasi con a. o con b. Quale delle due ha l'ordine giusto?

1. **Se mi dici che problema hai**
   a. io posso ti aiutare.
   b. io ti posso aiutare.

2. **Quando mi hai chiamato**
   a. ti ho risposto subito.
   b. ho risposto ti subito.

3. **ψ sa che**
   a. da solo non successo potrà avere.
   b. da solo non potrà avere successo.

4. **Adesso ψ è**
   a. più molto grande della mano di Umbrasia.
   b. molto più grande della mano di Umbrasia.

capitolo 15 - 16

cap.15
A. Rispondi alle domande.
1. Perché Charon non vuole litigare con gli umani?
2. Che cosa pensa Charon degli umani?
3. Che reazione ha Charon quando capisce che EricCarl ha cambiato opinione su Umbrasia?
4. Che tipo di aiuto offre Charon a EricCarl?

B. Trova l'intruso.
1. tranquillo, vivace, normale, silenzioso, calmo, sereno.
2. triste, doloroso, difficile, faticoso, divertente, malinconico.
3. litigare, scontrarsi, fare la pace, discutere, combattere, lottare.
4. vero, nascosto, finto, artificiale, falso, ipocrita.

cap.16
A. Rispondi alle domande.
1. Qual è la missione di ψ?
2. Che cosa succede a ψ in questo capitolo?
3. Perché ψ non sa chi lo sta aiutando?
4. Con chi parla ψ in questo capitolo?

B. Collega gli elementi della colonna A con quelli della colonna B.

A	B
1. Non ho avuto il tempo	a. per completare la sua missione.
2. I punti grigi e rossi	b. a aprirsi dentro di lui.
3. ψ vuole domandare aiuto	c. di capire che cosa succedeva.
4. La missione ha successo	d. perché la riproduzione è iniziata.
5. Il comando di installazione di Xr45 comincia	e. ai punti rossi.
6. Un punto grigio si aggiunge	e. si muovono tutti velocemente.

capitolo 17

74

A. Vero, falso o non si sa?

1. Questa è la prima volta che Charon deve fare una riparazione.   V   F   ?
2. Il problema dipende dagli esperimenti che Umbrasia ha fatto nella stanza 66.   V   F   ?
3. Charon non vuole risolvere il problema perché pensa che non è sua responsabilità.   V   F   ?
4. Baldisso spinge Charon a fare qualcosa.   V   F   ?

B. Metti in ordine il seguente testo.

1. Per di più la stanza 66 è nel settore 6 dove sono tutte le forme di vita prese durante viaggio.
2. Mentre fa un controllo generale dell'astronave, Charon si accorge che c'è un problema.
3. Bisogna quindi risolvere il problema senza danneggiarle.
4. Questo problema invece sembra particolarmente brutto e difficile da risolvere.
5. Charon ha già avuto problemi nel passato, ma mai molto grandi.
6. Nella stanza 66 la temperatura e la pressione sono salite e Charon non capisce il perché.

capitolo 18

A. Rispondi alle seguenti domande.

1. Che cosa vede Charon nella stanza 66?
2. E che cosa fa?
3. Perché il settore 6 è così importante?
4. Perché Umbrasia vuole distruggere tutto?

B. Trova i contrari.

1. essere in pericolo
2. interno
3. velocemente
4. alto
5. grande
6. riempire
7. dentro
8. vita

capitolo 19

A. Vero, falso o non si sa?

1. Nel settore 6 tutto è morto a causa dell'invasione di ψ. V F ?
2. Umbrasia adesso distruggerà anche EricCarl. V F ?
3. Per il CMI è importante sapere perché EricCarl ha agito così. V F ?
4. EricCarl si accorge di cosa sta facendo Umbrasia e si ribella. V F ?

B. Completa con l'affermazione giusta.

1. **Umbrasia dice a Baldisso che**
   a. nessuno è così pazzo da fare esperimenti genetici su un'astronave.
   b. è stato EricCarl a fare esperimenti genetici con ψ.
   c. bisogna trovare chi ha fatto esperimenti genetici con ψ.

2. **Umbrasia non brucerà EricCarl perché**
   a. Baldisso non vuole.
   b. il CMI vuole analizzare il sistema neuronale di EricCarl.
   c. EricCarl è uno scienziato e un poeta.

3. **Secondo Baldisso EricCarl è un terrorista perché**
   a. sa usare le informazioni e gli strumenti dell'astronave.
   b. tutte le IA sono terroristi.
   c. ha provato a distruggere l'astronave.

capitolo 20 - 21

cap.20
A. Rispondi alle domande.

1. Perché, secondo Charon, Umbrasia ha bruciato ψ e la stanza 66?
2. Come ha fatto EricCarl a salvare i cromosomi di ψ?
3. Perché, a un certo punto, la voce di EricCarl sparisce?
4. Che cosa pensa Charon quando sa che Umbrasia ha isolato EricCarl?

B. Collega gli elementi della colonna A con quelli della colonna B.

A	B
1. Umbrasia vuole	a. studiare la mente di EricCarl.
2. Baldisso vuole	b. isolare Eric.
3. Il CMI vuole	c. moltiplicare i suoi geni.
4. Charon vuole	d. bruciare EricCarl.
5. ψ vuole	e. mostrare al CMI la sua scoperta.
6. Eric vuole	f. liberare Eric.

cap.21
A. Vero, falso o non si sa?

1. EricCarl decide di chiedere aiuto a Charon.   V   F   ?
2. Charon fa parte del partito politico delle Intelligenze Artificiali.   V   F   ?
3. EricCarl è preoccupato di essere isolato.   V   F   ?
4. Umbrasia ha cambiato idea su EricCarl e vuole di nuovo lavorare con lui.   V   F   ?

capitolo 21

B. Cruciverba.

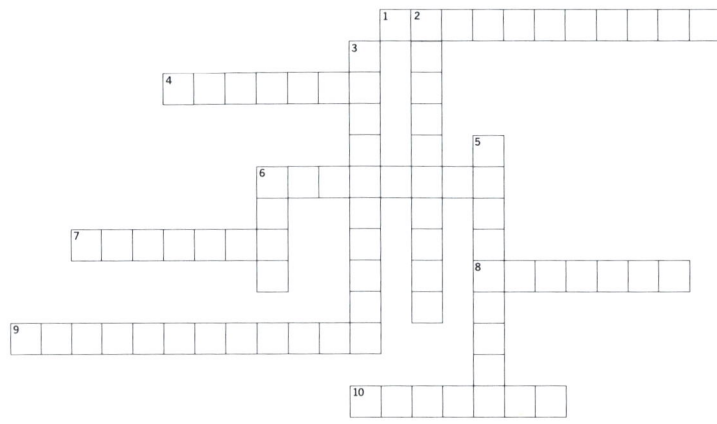

Orizzontali

1. esaminare con attenzione per vedere se tutto va bene **4.** senza possibilità di comunicazione, escluso dalla comunicazione **6.** contrario di in avanti **7.** raggiungere risultati positivi nel cercare, trovare **8.** soccorrere, assistere, sostenere qualcuno in difficoltà **9.** avere ansia, paura, per qualcosa **10.** contrario di vicino

Verticali

2. punto di arrivo di una missione, scopo, risultato da raggiungere **3.** mettersi insieme con buoni risultati **5.** desiderio triste di qualcosa che è passato **6.** prodotti del pensiero

capitolo 22

A. Rispondi alle domande.

1. Perché EricCarl prepara una nota per il CMI?
2. Che cosa succede durante l'esperimento? Succede qualcosa che EricCarl non si aspetta?
3. Perché, secondo te, ψ dice "Non mi chiamo ψ"?
4. Perché ψ chiama EricCarl "Salvatore"?

B. Questo è un dialogo fra EricCarl e ψ. Prova a completare la parte di ψ. *Un consiglio: prima leggi tutto il dialogo e poi scrivi.*

EC : – Tu sei ψ, ti conosco! Perché sei qui?

ψ: – _____

EC : – Come farai? Nessuno ti aiuterà!

ψ: – _____

EC: – Ma cosa dici? Io sono qui per aiutare gli umani non te!

ψ: – _____

EC: – Io? E quando?

ψ: – _____

EC: – Grande Vega! Non è possibile!

ψ: – _____

capitolo 23

80

A. Rispondi alle domande.

1. Eric è preoccupato? Di che cosa?
2. In che modo Eric cerca di bloccare ψ?
3. Come ha fatto Charon a tornare da Eric?
4. Che cosa dice Eric a Charon?

B. Completa il testo scegliendo fra le parole del riquadro:

EricCarl decide di dire _____ Charon la verità: che _____ lui a fare esperimenti _____ ψ. Eric decide di parlare perché _____ che da solo non riuscirà a _____ il problema. Infatti Eric non _____ a bloccare la riproduzione _____ ψ. Ha provato ad abbassare la _____ e ad abbassare la temperatura, _____ ψ continua a crescere.

1. capisce, 2. trovare, 3. a, 4. risolvere, 5. pressione, 6. con, 7. ma, 8. riesce, 9. è stato, 10. di

capitolo 24

A. Vero, falso o non si sa?

1. Charon dice a Eric che lui è un gran bastardo.   V   F   ?
2. Eric racconta a Charon come ha cercato di   V   F   ?
   fermare ψ.
3. Charon non può bruciare il settore 1 perché   V   F   ?
   è protetto.
4. Eric capisce che gli umani e ψ sono simili.   V   F   ?

B. Metti in ordine il dialogo fra Charon e Eric.

1. Charon: - Mi dispiace non posso farlo è troppo pericoloso.
2. Charon: - Devi chiedere aiuto a Umbrasia e Baldisso.
3. Charon:- Mi hai mentito? Hai mentito a me che sono tua amica?!
4. Eric: - Allora, cosa posso fare?
5. Eric:- Devi aiutarmi a bloccare ψ, devi bruciare il settore 1.
6. Eric:- Sì, mi dispiace molto. Mi devi perdonare e mi devi aiutare.
7. Eric:- Charon, come sono contento di vederti! Come hai fatto a tornare?
8. Eric:- Sì, ho un altro problema e è un problema molto grosso.
9. Charon:- Eric, Eric, sono qui!
10. Charon:- Hai qualche altro problema?
11. Eric:- Non riesco a fermare la riproduzione di ψ.
12. Charon:- Che cosa vuoi?
13. Charon:- Cosa?! Hai fatto tu esperimenti con ψ?
14. Charon:- Quale?
15. Eric:- Hai fatto bene, ho proprio bisogno di aiuto.
16. Eric:- Sì, li ho fatti io. Ti ho mentito.
17. Charon:- Sono passata dall'esterno dell'astronave e sono tornata per aiutarti.

capitolo 25

A. Rispondi alle domande.
1. Perché non è possibile ricevere aiuto dal CMI?
2. Che tipo di lavoro devono fare insieme Umbrasia e ErirCarl?
3. EricCarl è felice di lavorare con Umbrasia? Perché?
4. Quanto tempo hanno per trovare la soluzione?

B.
B.1. Qui trovi quattro definizioni. Prova a indovinare a quali parole si riferiscono.
1. – completamente stupido
2. – contenitore di materiale vario, utile per trasportare o conservare
3. – piccola parte di tempo
4. – contrasto, guerra

B.2. Adesso, in piccoli gruppi, provate a costruire quattro definizioni e poi chiedete ai vostri compagni di indovinare le parole che avete pensato.

capitolo 26

A. Rispondi alle domande.

1. In che modo Eric arriva ad avere un'idea?
2. Che tipo di problemi vede Umbrasia nella soluzione di Eric?
3. Eric è sicuro che la sua idea funzionerà?
4. Eric dove vuole mettere l'energia di ψ?

B. Che confusione il computer è impazzito e ha cambiato l'ordine di alcune parole. Prova a metterle tu nel punto giusto.

A un certo punto Eric ha un'**energia**. Pensa che, se riesce a **collegare** a ψ tutta la sua energia, allora lo potrà distruggere. Il **spazio** è dove mettere tutta questa **idea**, sull'astronave non c'è **collegamento**. Eric pensa che potrà mandare l'energia nello **problema** infinito. Dovrà **usare** la scatola di ψ al sistema di protezione esterno e poi **finire** il sistema di protezione come **posto** allo spazio infinito. Eric non sa se la sua idea funzionerà, ma il tempo sta per **togliere** e non ci sono molte altre possibilità.

capitolo 27

84

A. Rispondi alle domande.

1. Dove gli atomi danzano insieme?
2. Che cosa chiede ψ a Eric?
3. Perché Eric non risponde?
4. Perché Umbrasia non parla con Eric?

B. Completa il dialogo scegliendo fra le parole del riquadro:

ψ:- Perché mi _____ uccidere?
EricCarl:- Perché la tua vita _____ a morte degli umani.
ψ:- Gli umani non _____ interessano.
EricCarl:- _____ me.
ψ:- Tu non _____, il significato della tua vita è aiutare me e non aiutare gli umani.
EricCarl:- Perché _____ questo?
ψ:- Gli umani non hanno _____ di te. Io invece sì. La tua missione è salvare me e non gli umani. Aiutami!
EricCarl:- Mi dispiace, non _____ e non voglio.

1. posso, 2. capisci, 3. significa, 4. dici, 5. piace, 6. bisogno, 7. vuoi, 8. interessano, 9. mi

capitolo 28

A. Trova quattro domande di comprensione su tutto il racconto da fare ai tuoi compagni.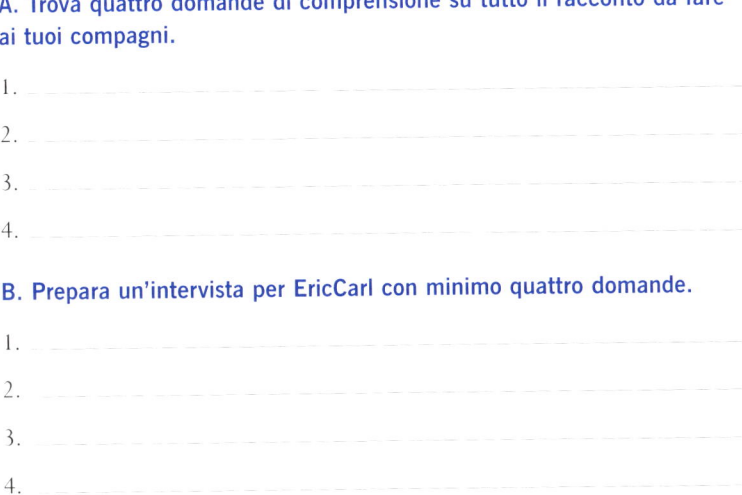

1. _____
2. _____
3. _____
4. _____

B. Prepara un'intervista per EricCarl con minimo quattro domande.

1. _____
2. _____
3. _____
4. _____

Chiavi

CAPITOLO 1

A. Rispondi alle domande.
1. È un'Intelligenza Artificiale di quarta generazione.
2. Abita in una scatola di vetro.
3. Ha due anni.
4. Baldisso lo chiama "Lampada".
5. Umbrasia lo chiama "Luce".

B. Collega i verbi della colonna A con le parole della colonna B.
1.c / 2.d / 3.a / 4.e / 5.f / 6.b

CAPITOLO 2

A. Vero o falso?
1.V / 2.F / 3.F / 4.V

B. Quale delle seguenti frasi può sostituire "qualcosa" nelle frasi seguenti?
2. una cosa, ma non so esattamente quale

CAPITOLO 3

A. Rispondi alle domande.
1. EricCarl parla di geni e di cromosomi simili a quelli umani.
2. La scoperta, l'ha fatta EricCarl.
3. Umbrasia non sembra molto emozionata.
4. ψ non è un maschio e non è una femmina.

B. Trova l'intruso.
1.mano / 2. morbido / 3. lago

CAPITOLO 4

A. Vero, falso, o "non si sa"?
1.V / 2.F / 3.F / 4.?

B. Collega gli elementi della colonna A con quelli della colonna B.
1.f / 2.e / 3.a / 4.b / 5.d / 6.c

CAPITOLO 5

A. Rispondi alle domande.
1. Perché deve seguire quello che decide Baldisso.
2. Perché pensa che Umbrasia ha fatto qualcosa di strano.
3. EricCarl cercherà di scoprire che cosa veramente ha fatto Umbrasia.
4. Charon vuole capire perché Umbrasia non vuole informare il CMI della scoperta di EricCarl.

B. Completa il seguente dialogo usando le parole: "momento, idea, problema, posto".
idea, posto, momento, problema

CAPITOLO 6

A. Vero o falso?
1.F / 2.V / 3.F / 4.F

B. Completa le frasi con a. o con b.
1.b / 2.b / 3.a / 4.a

CAPITOLO 7

A. Rispondi alle domande.
1. Il silenzio piace a EricCarl e piace anche a Umbrasia.
2. Eric vede che Umbrasia ha spedito la nota al CMI.
3. Perché vuole attivare il collegamento neuronale con Umbrasia.
4. Perché Baldisso non è interessato a questo tipo di problemi.

B. Completa il testo scegliendo fra le parole del riquadro:
3. con / 6. lavora / 1. perché / 8. l'
/ 7. ha nascosto / 9. ha fatto / 2. non
/ 4.consigli

CAPITOLO 8

A. Metti in ordine il seguente dialogo.
1. / 7. / 5. / 8. / 3. / 2. / 4. / 6.

B. Completa le frasi con a. o con b.
1.b / 2.a / 3.a / 4.b

CAPITOLO 9

A. Rispondi alle domande.
1. Perché Eric non sa dov'è la verità.
2. Charon pensa che Umbrasia è capace di ingannare EricCarl.
3. Charon sa che gli umani possono mentire e ingannare.
4. EricCarl non capisce le domande di Baldisso sulla paura di morire e sulla luna.

B. Completa il dialogo con i seguenti aggettivi: "ingenuo/a, invidioso/a, insopportabile, strano/a".
invidiosa, strana, insopportabile, ingenuo

CAPITOLO 10

A. Vero o falso?
1.F / 2.F / 3.V / 4.V

B. Cruciverba.
Orizzontali
7. intelligente 9. insegnante
10. scoperta 11. paura
Verticali
1. complicato 2. pazzia 3. bambino
4. umani 5. confuso 6. preciso
8. numeri 9. ingannare 11. chiavi

CAPITOLO 11

A. Rispondi alle domande.
1. ψ è una forma di vita.
2. Viene dal pianeta π.
3. Si è svegliato quando ha incontrato la Luce.
4. Perché la Luce gli ha dato l'energia per capire.

B. Completa il testo scegliendo fra le parole del riquadro:
6. nelle / 10. che / 5. lo / 7. vede / 4. suoi / 2. geni / 1. Luce / 9. c'era / 8. perché

CAPITOLO 12

A. Vero, falso o non si sa?
? / V / F / V

B. Metti in ordine il seguente dialogo.
7. / 3. / 2. / 8. / 5. / 6. / 1. / 4.

CAPITOLO 13

A. Rispondi alle domande.
1. EricCarl nasconde a Charon che è stato lui a fare esperimenti con ψ e XR45.
2. Perché così vuole il CMI.
3. EricCarl deve analizzare il codice genetico di ψ.
4. Eric vuole capire se anche Umbrasia fa esperimenti con ψ e XR45.

B. Cruciverba.
Orizzontali
2. qualcuno 5. messaggio 8. descrivere
12. informazione 13. righe
Verticali
1. esperimento 2. qualcosa 3. ordine
4. verità 6. strano 7. mentire
9. fidarsi 10. giusto 11. analisi

CAPITOLO 14

A. Vero, falso o non si sa?
1.F / 2.F / 3.? / 4.V

B. Completa le frasi con a. o con b. Quale delle due ha l'ordine giusto?
1.b / 2.a / 3.b / 4.b

CAPITOLO 15

A. Rispondi alle domande.
1. Perché vuole vivere in pace.
2. Charon pensa che gli umani non hanno abbastanza rispetto delle IA.
3. Charon è felice perché vuole portare Eric nel partito delle IA.
4. Charon offre a EricCarl la password per entrare nel sistema centrale.

B. Trova l'intruso.
1. vivace, 2. divertente, 3. fare la pace, 4. vero

CAPITOLO 16

A. Rispondi alle domande
1. ψ deve moltiplicare i suoi geni.
2. A ψ succedono molte cose: ψ sente arrivare una corrente di energia, sente che il cromosoma XR45 può moltiplicare i suoi geni, sente che la sua missione è cominciata, sente…
3. Perché la Luce è troppo veloce e ψ non capisce chi è.
4. ψ prova a parlare con la Luce.

B. Collega gli elementi della colonna A con quelli della colonna B.
1.c / 2.f / 3.a / 4.d / 5.b / 6.e

CAPITOLO 17

A. Vero, falso o non si sa?
1.F / 2.? / 3.V / 4.V

B. Metti in ordine il seguente testo.
2. / 5. / 4. / 6. / 1. / 3.

CAPITOLO 18

A. Rispondi alle domande.
1. Charon vede che le pareti hanno cambiato colore, vede che le sfere si moltiplicano, vede...
2. Charon segue gli ordini di Baldisso.
3. Nel settore 6 ci sono tutti i campioni di vita raccolti nelle galassie.
4. Perché capisce che ψ è molto pericoloso e vuole distruggerlo anche se questo significa distruggere le altre forme di vita.

B. Trova i contrari.
1. essere in salvo/essere al sicuro,
2. esterno 3. lentamente 4. basso
5. piccolo 6. vuotare 7. fuori 8. morte

CAPITOLO 19

A. Vero, falso o non si sa?
1.F / 2.F / 3.V / 4.?

B. Completa con l'affermazione giusta.
1.b / 2.b / 3.c

CAPITOLO 20

A. Rispondi alle domande.
1. Secondo Charon, Umbrasia lo ha fatto per cancellare le prove dei suoi esperimenti.
2. Charon ha capito che Umbrasia voleva distruggere tutto e allora ha portato via dalla stanza 66 un campione dei cromosomi di ψ.
3. La voce di EricCarl sparisce quando Umbrasia blocca tutte le sue possibilità di comunicazione.
4. Charon pensa che Umbrasia vuole dare la colpa a Eric e vuole impedirgli di comunicare con il CMI.

B. Collega gli elementi della colonna A con quelli della colonna B.
1.b / 2.d / 3.a / 4.f / 5.c / 6.e

CAPITOLO 21

A. Vero, falso o non si sa?
1.F / 2.V / 3.F / 4.F

B. Cruciverba
Orizzontali
1. controllare 4. isolato 6. indietro 7. trovare 8. aiutare 9. preoccuparsi 10. lontano

Verticali
2. obbiettivo 3. combinarsi 5. nostalgia 6. idee 22. chiavi

CAPITOLO 22

Risposte aperte

CAPITOLO 23

A. Rispondi alle domande.
1. Eric ha capito il pericolo che corre l'astronave e, con lei, tutto l'universo.
2. Eric cerca di bloccare ψ abbassando la temperatura e diminuendo la pressione.
3. Charon è passata attraverso il sistema di protezione esterno.
4. Eric dice a Charon che le ha mentito.

B. Completa il testo scegliendo fra le parole del riquadro:
3.a / 9.è stato / 6.con / 1.capisce / 4.risolvere / 8.riesce / 10.di / 5.pressione / 7.ma

CAPITOLO 24

A. Vero, falso o non si sa?
1.F / 2.V / 3.F / 4.?

B. Metti in ordine il dialogo fra Charon e Eric.
9. / 7. / 17. / 15. / 10. / 8. / 14. / 11. / 13. / 16. / 3. / 6. / 12. / 5. / 1. / 4. / 2.

CAPITOLO 25

A. Rispondi alle domande.
1. Perché non c'è abbastanza tempo.
2. Umbrasia e Eric devono trovare il punto debole della struttura genetica di ψ.
3. Eric è felice perché gli sembra di tornare indietro, ai vecchi tempi, prima di tutti i problemi.
4. Hanno circa 60 minuti.

B.1 Qui trovi quattro definizioni. Prova a indovinare a quali parole si riferiscono.
1.idiota / 2.scatola / 3.minuto / 4.conflitto

CAPITOLO 26

A. Rispondi alle domande.
1. Eric ripensa a ψ che ha detto: "Perché mi togli energia? Perché mi distruggi?".
2. Secondo Umbrasia è molto difficile togliere tutta l'energia a ψ e poi c'è il problema di dove metterla.
3. Eric non è perfettamente sicuro che la sua idea funzionerà.
4. Eric vuole mandare l'energia di ψ nello spazio esterno.

B. Che confusione il computer è impazzito e ha cambiato l'ordine di alcune parole. Prova a metterle tu nel punto giusto.
idea, togliere, problema, energia, posto, spazio, collegare, usare, collegamento, finire

CAPITOLO 27

A. Rispondi alle domande.
1. Gli atomi danzano insieme nello spazio infinito.
2. ψ chiede a Eric di aiutarlo a completare la sua missione.
3. Probabilmente Eric non sa cosa rispondere, oppure…
4. Forse anche Umbrasia non sa cosa dire, oppure…

B. Completa il testo scegliendo fra le parole del riquadro:
7. vuoi, 3. significa, 9. mi,
8. interessano, 2. capisci,
4. dici, 6. bisogno, 1. posso

CAPITOLO 28

Risposte aperte

93

XR45

Finito di stampare nel mese di aprile 2003
da Guerra guru s.r.l. - Via A. Manna, 25 - 06132 Perugia
Tel. +39 075 5289090 - Fax +39 075 5288244
E-mail: geinfo@guerra-edizioni.com